군산발(群山發) 급살병(急煞病)과
대시국(大時國) 의통군(醫統軍)

군산발 급살병과 대시국 의통군

초판 1쇄 발행 2024년 3월 1일

지은이 이훈오
펴낸이 장길수
펴낸곳 지식과감성#
출판등록 제2012-000081호

주소 서울시 금천구 벚꽃로298 대륭포스트타워6차 1212호
전화 070-4651-3730~4
팩스 070-4325-7006
이메일 ksbookup@naver.com
홈페이지 www.knsbookup.com

ISBN 979-11-392-1671-4(03290)
값 20,000원

- 이 책의 판권은 지은이에게 있습니다.
- 이 책 내용의 전부 또는 일부를 재사용하려면 반드시 지은이의 서면 동의를 받아야 합니다.
- 잘못된 책은 구입하신 곳에서 바꾸어 드립니다.

지식과감성#
홈페이지 바로가기

군산발 급살병과
群山發 急煞病
대시국 의통군
大時國 醫統軍

모든 기사묘법을 다 버리고
의통醫統을 알아두라

진산 이훈오

太乙醫統

목차

· **발간사**	대시국 의통군에 참여하는 태을도인이 되자	8
· **축　사**	병란병란이 목전에 다가왔다	11
· **축　사**	인류를 구원할 '대시국 의통군'의 결성을 학수고대하며	14
· **축　사**	대시국 건설에 큰 뜻을 같이할 의통군	17
· **축　사**	천지부모님의 마음을 전수 받아 태을생명력을 회복하길	20
· **축　사**	일치단결된 속육임군으로 구성된 대시국 60만 의통군	23
· **축　사**	지구촌 형제들을 살리는 의통조직의 일원이 되시길	26
· **축　사**	대시국 의통성업에 참여하는 태을도인으로 인연 되시길	29

1부 군산발 급살병

1장 · 한반도는 지구의 혈자리

1. 통일 전야에 터지는 급살병	43
2. 죽음의 통곡 소리가 들리지 않는가	45
3. 영혼을 잡아가는 급살병	47
4. 급살병은 신병이다	49
5. 마음을 심판하는 급살병	52
6. 전 인류가 진멸지경에 빠진다	55
7. 급살병은 독기와 살기가 불러온 상극병	58
8. 군산 개복에서 시작되는 급살병	60
9. 광주와 나주는 이미 패운	61

10. 독기와 살기가 불러온 급살병   64
11. 가슴에 맺힌 원수의 대못을 빼내라   66
12. 어질 인仁자와 진리의 사랑   68
13. 마음이 관건이다   70
14. 상생의 새 인간으로 저생신되라   72
15. 인간개조와 인존시대   75

2장 · 먹다 죽고 자다 죽고

1. 이 불쌍한 중생들을 어찌할거나   80
2. 인류 전멸 괴질운수   82
3. 천연두는 급살병의 전령사   84
4. 평양 불바다 북사도 전란   86
5. 급살병 의통 인간사업   88
6. 급살병에 태을주냐 십자가냐   91
7. 떼죽음의 소식이 밀려온다   94
8. 급살병 백신과 급살병 약   96
9. 천명과 의통   99
10. 훔치 훔치, 태을세상이 열린다   100
11. 단주수명 도술약국, 천하창생 생사판단   102
12. 강증산 손사풍 일본왕 천연두   103
13. 성웅겸비 출상입상의 의통성업   104
14. 급살병에 태을을 떠나면 죽는다   107
15. 어느 날 갑자기 군산어서 평양으로   108

2부 대시국 의통군

3장 · 신인합일 세계일가통일정권

1. 하나님 강증산, 남북통일 세계통일 천지공사 — 120
2. 세계일가통일진리 세계일가통일정권 — 122
3. 단주의 태을도, 이마두의 예수회 — 123
4. 이미 실현된 탄허스님 통일예언 — 126
5. 단주와 광서제의 상씨름 — 128
6. 하늘이 정한 남북통일의 날 — 130
7. 태을도인 일심정성 건방설도 천하사 — 132
8. 진리와 자유혁명의 완성 — 134
9. 상극세상을 상생세상으로 바꾸는 천하사 — 138
10. 새 인생 새 출발, 태을도인이 되는 그날 — 141
11. 진리사랑 세계일가, 단주수명 태을도인 — 143
12. 의통건국 세계일가, 증산소유 단주수명 — 144
13. 현대판 정감록, 공산주의 — 146
14. 통일한국의 끝판, 이씨와 정씨의 대결 — 148
15. 인간혁명 인간개벽 — 152

4장 • 강증산 상제님의 군대

1. 죽음이 쓰나미처럼   157
2. 대한민국 비상사태, 대시국 의통계엄   159
3. 한반도 바둑판의 총결론   162
4. 증산정치와 통일정국   165
5. 인류 멸망과 인류 구원   168
6. 단주수명 도술약국, 대시국 의통구호대   169
7. 설마가 현실로   171
8. 군산발 급살병 대시국 의통군 60만   173
9. 52장과 60만 의통군   174
10. 천지부모님의 의통일꾼, 태을도인   175
11. 1%의 가능성, 100%의 준비   176
12. 개벽과 의통, 새 천지 새 인간   179
13. 강증산 의통천명, 단주수명 태을주   181
14. 황극신이 광서제에서 단주로   183
15. 성리에 충실하고 경위에 밝아야   184

발간사

대시국 의통군에 참여하는
태을도인이 되자

　한반도는 지구의 혈자리입니다. 한반도는 천리상 지구가 생길 때부터 위치가 그렇게 운명처럼 정해졌습니다. 한반도에는 해양문명권과 대륙문명권이 상호 교류하면서 대립해 온 인간의 역사가 아로새겨져 있습니다. 지금 현재는 휴전선을 경계로, 자유민주주의 대한민국과 공산전체주의 북조선이 각각 한미일과 북중러 삼각동맹의 형태로, 건곤일척의 마지막 체제경쟁을 벌이고 있습니다.

　우리가 물질적 풍요를 누리는 기독교 현대문명은, 1517년 마르틴 루터의 종교개혁에서 비롯되었습니다. 중세 가톨릭을 극복한 종교혁명이 봉건주의를 청산한 산업혁명으로 이어졌고, 이는 자본가를 형성하여 굴종주의를 타파한 정치혁명을 가져와, 개인의 이성과 과학기술을 바탕으로 한 기독교 현대문명이 자유민주주의와 공산전체주의로 양분되어, 전 세계 인류의 삶을 지배하고 있습니다.

　인간은 신명의 도움을 받아야 인간 세상에 새로운 역사를 펼쳐 갈 수 있습니다. 강증산 상제님은, 기독교 현대문명이 이탈리아 신부였던 마테오 리치(이마두)의 공덕이라고 밝혀 주셨습니다. 이마두가 중국을 기반으로 동양에서 천국을 건설하려고 했으나 여러 적폐로 인해 실패하고, 죽어서 동양 문명신을 거느리고 서양으로 건너가, 천상의 모형을 본떠 지상천국을 건설하려고 했다는 것입니다.

증산상제님은 이마두가 천상에서 이끈 기독교 현대문명이 인류 전멸이라는 대재앙을 맞게 됐다고 진단하셨습니다. 인간의 독기와 살기가 묻은 이성을 극단화하여 과학기술을 첨단화시킨 결과, 더욱 인간의 폭력성과 교만심을 부추겨 자연을 파괴하고 신도를 무시하여, 천도와 인사가 도수를 어기게 되었고, 마침내 척을 짓고 살을 쌓아 서로 부딪혀 전란과 병겁으로 질주하게 되었습니다.

지구의 혈자리인 한반도는 인간의 독기와 살기가 만들어낸 인류 최후의 전란터요, 병겁터입니다. 지금은 선천 상극의 금수세상을 마감하고 후천 상생의 태을세상이 열리는 후천개벽기입니다. 이 시기에는 선천 오만 년 동안 내뿜은 인간의 독기와 살기가 똘똘 뭉쳐 마침내 전란과 병겁으로 폭발하게 돼 있습니다. 그 형태가 한반도 남북에서 마주 터지는 북사도 전란과 남군산 병겁입니다.

천하가 도탄에 빠지면 도로써 구해 내고, 천하가 재앙에 처하면 나라가 출범합니다. 강증산 상제님이 천지공사로 확정하신 그 도가 태을도요, 그 나라가 대시국입니다. 한반도 남북으로 유입된 기독교 현대문명의 빛과 그림자인 자유민주주의와 공산전체주의가, 미중패권과 남북대결의 극한점에서 평양발 대전란과 군산발 급살병으로 폭발합니다. 그러한 때에 대시국 의통군이 나가게 됩니다.

인간은 죽음이 임박한 결정적인 때에도 요행히 살길을 찾아 진화해 왔습니다. 이제 인류 전멸이라는 마지막 시간대로 들어섰습니다. 강증산은 진멸지경에 박도한 인류를 구원하러 오신 하나님이요, 미륵불이요, 옥황님이요, 상제님이십니다. 칠흑같이 어둔 밤길에는 등불을 든 사람을 따라가야 살 수 있습니다. 본 책자를 통해 태을도 대시국 의통군에 참여하는 태을도인이 되시길 바랍니다.

대시大時 9년 음력 1월 1일
천원天元 124년 음력 1월 1일
서기西紀 2024년 양력 2월 10일

용봉서실龍鳳書室에서
태을도인太乙道人
진산珍山 이훈오李勳午

축사

병란병란이 목전에 다가왔다

　서양의 열강들이 제국의 팽창주의로 앞다투어 동양으로 넘어올 때, 세계의 흐름을 전혀 몰랐던 조선의 위기 상황에 홀연히 한반도에 나타나 앞으로의 세상을 천지공사로 조판해 놓고 간 강증산이란 분이 계셨습니다.

　그의 말씀대로 한반도는 36년간 일본에 맡겨졌다가, 이후 미국과 러시아의 군정을 위한 조치로 38선이 그어졌고, 이는 38선을 사이에 두고 각각 다른 체제의 정권이 세워지는 분단의 시초가 되었습니다. 38선 이북에는 공산전체주의 체제의 조선민주주의인민공화국이, 38선 이남에는 자유민주주의 체제의 대한민국이 들어섰습니다. 한반도의 유일한 합법정부인 대한민국의 건국 이후, 38선 이남은 자유와 번영을 누리는 선진국이 되었습니다.

　강증산은 전라도 고부에서 태어났고, 이곳을 중심으로 강증산을 하느님으로 모시는 증산신앙이 일제 강점기 때 한반도에 광범위하게 퍼졌다가, 분단 이후 대한민국에서 여러 갈래로 나뉘어 맥이 이어져 왔고, 지금의 태을도가 나오는 데 밑바탕이 되었습니다.

강증산이 재세 시에 짜신 약장 한가운데에 쓰셨던 '단주수명 열풍뇌우 불미 태을주'는, 1995년 천명을 받은 진산 이훈오가 단주로서 태을도를 내고 태을주의 의미를 세상에 제대로 알리면서, 현실에서 이루어졌습니다. 이후 태을도는 지속적인 책자 발간과 인터넷 활동을 통해 생명의 시원이자 진리의 본원인 태을에 대해 줄기차게 세상에 알리는 작업을 해 왔고, 2016년 동지에 세계일가 통일정권인 '대시국大時國'을 선포해, 현직 대통령이 탄핵당하면서 무너질 위기에 처한 의통기지 대한민국을 지금까지 보호해 왔습니다.

 작금의 세계의 움직임을 보면, 가히 독기와 살기로 가득 찬 선천의 상극지리가 막바지에 다다랐음을 여실히 알 수 있습니다. 미국과 중국의 패권경쟁 속에 러시아-우크라이나의 장기전과 하마스-이스라엘 간 전쟁이 더해진 데다, 중국의 대만 침공과 북한의 대대적인 대남 도발도 초읽기에 들어갔습니다. 강증산이 백여 년 전에 말씀하셨고 태을도에서 줄기차게 얘기해 온 병란병란兵亂病亂이 목전에 다다랐습니다.

 병란兵亂에 해당하는 북사도 전란은 바로 뒤이어 발발하는 남군산 병겁으로 막음하고, 병란病亂에 해당하는 남군산 병겁은 한반도를 비롯해 전 세계를 진탕하며 대부분의 인류가 몰살합니다. 이는 마음심판의 급살 괴질이기에, 그간 태을도에서는 상극의 마음을 상생으로 바꾸는 마음 닦기와 태을 수기로 몸의 체질을 바꾸는 태을주 수행이 급살 괴질에서 사는 길임을 세상 사람들에게 누누이 강조해 왔습니다.

 이제 병겁 발발이 목전에 다다랐기에, 병겁이 터졌을 때 살아남은 사람들을 온전히 구해 내기 위한 의통군을 조직해야 할 때가 되었습니다. 1998년 태을도가 세상에 나오고, 2016년 대시국이 선포되면서, 건방설도의 큰 틀은 이미 만들어졌습니다. 이제는 의통군이 나서서 태을주로 병겁에서 사람들을 구해, 태을도 대시국의 도민을 만들어야 할 때입니다. 2024년, 태을도에서 『군산발 급살병과 대시국 의통군』 책을 내고, 60만 의통군 조직을 시작합니다.

모든 증산신앙은 태을도로 수렴됩니다. 선천 종교의 신앙인들도 후천 종장들의 인도로 태을도인으로 수렴됩니다. 천지가 소 울음소리로 시절 인연을 부르고 있습니다. 천지의 부름에 귀 밝은 인연자들이 한 분 한 분 태을도로 모여들 것입니다. 60만 의통군 조직의 원년이 될 2024 갑진년에, 때맞추어 『군산발 급살병과 대시국 의통군』이 출판됨을 진심으로 축하합니다.

대시大時 9년 음력 1월 1일
천원天元 124년 음력 1월 1일
서기西紀 2024년 양력 2월 10일

태을궁太乙宮에서
태을도인太乙道人
새달新月 서경화徐慶和

축사

인류를 구원할 '대시국 의통군'의
결성을 학수고대하며

　후천은 지심대도술로 소통하는 세계일가의 상생세상입니다. 후천은 마음으로 소통하고 신명을 조화하는 조화선경이요, 지상천국이요, 세계가 한 가족이 되는 대동세계입니다. 유불선 서도가 꿈꾸던, 선천인류가 그토록 바라던 이상사회가 지심대도술의 세계일가 세상입니다. 그 세상이 바야흐로 눈앞에 펼쳐지려 하고 있습니다.

　지심대도술의 세계일가 세상은 온 인류가 일도一道, 일국一國으로 통일된 세상입니다. 선천은 상극의 운수이기에 분열하여 발달하는 시대이지만, 후천은 수렴하여 통일되는 시대입니다. 따라서 통일을 이루어야 완전한 상생세상이 됩니다. 후천을 관통하는 진리는 원시반본原始返本입니다. 원시반본의 운수를 따라서 천지만물이 태을로 수렴 통일되어 하나가 되는 후천 상생세상입니다. 천지인 삼계가 태을을 매개로 하나로 통일된 무극세상이 열립니다. 후천 통일·상생세상의 일도一道 일국一國이 바로 태을도 대시국입니다.

　급살병은 통일과 상생으로 가는, 인류가 넘어야 할 마지막 관문입니다. 상극의 선천에서 발생한 원한은 독기 살기가 되어 참혹한 재앙을 일으키며 인간 세상을 진멸지경으로 몰아가고 있습니다. 인간과 신명의 마음속에 자리 잡은 독기 살기를 제거하지 않으면 상생세상이 될 수 없습니다. 태을도를 닦아 스스로 상생인간으로 재생신되지 못하면 하늘의 선악심판인 급살병에서 살아남기 어렵습니다. 급살병은 상생의 통일 세상을 열기 위한 하늘의 고육지책이며 마지막 선택입니다.

생명의 목적은 살아남아 영원히 존재하는 것입니다. 인간이 일상의 의식주에 충실한 것도, 자연의 이치를 터득하여 두병장수하려는 것도, 도를 닦아 영생을 추구하는 것도, 모두 생존을 위한 치열한 몸부림입니다. 인간관계의 크고 작은 갈등부터 시작하여, 기후변화, 환경오염, 극단적인 정치적 대립, 빈부의 양극화 등, 우리가 처한 삶의 환경이 인류에게 대변혁을 요구하고 있지만, 그중에서도 우리의 생존을 위협하는 가장 큰 위험은 급살병이라는 미증유의 우주적인 대사건입니다. 이러한 절체절명의 시기에 우리는 무엇으로 생존을 도모해야 할까요?

하늘의 군산발 급살병 심판에는 태을도의 대시국 의통군의 의통 치료가 유일한 약입니다. 인류 역사상 전무후무한 후천개벽기에, 도탄에 빠진 인류를 구원하여 상생의 후천을 열기 위해 하늘은 최후의 수단으로 급살병을 선택하였습니다. 급살병은 인간의 생사를 판단하는 하늘의 선악심판으로, 그 판단 기준은 마음의 독기와 살기입니다. 하늘은 급살병을 주셨지만, 또한 약으로 의통법방도 알려 주셨습니다. 증산상제님이 알려주신 태을도의 의통법방을 닦아 스스로를 살리지 못하면, 급살병으로 죽어갈 때 태을도 의통군의 치료를 받아 소생합니다. 심판은 하늘이 하지만, 인류 구원의 몫은 인간에게 맡겨졌습니다. 의통법방은 마음 닦고 태을주 읽는 것입니다.

   미·중 패권경쟁의 심화, 남북한 대결의 격화는 평양발 전쟁의 가능성을 예고하고, 이는 급살병의 때가 가까이 왔음을 암시합니다. 세상 운수에 잠 못 이루고 생명의 스러짐을 연민하고 고민하는 인자仁者와 의인義人은 마땅히 활인 법방인 태을도를 찾아 의통을 전수 받고 의통군에 참여하여, 속절없이 스러져 가는 인류를 살려 내야 합니다. 태을도 진산 이훈오 대종장님의 15번째 저서인 『군산발 급살병과 대시국 의통군』의 발간을 축하하며, 이를 계기로 대시국 의통군에 참여할 속육임이 조속히 결성되어 급살병에 대한 만반의 준비가 갖추어지길 기원합니다.

대시大時 9년 음력 1월 1일
천원天元 124년 음력 1월 1일
서기西紀 2024년 양력 2월 10일

인천仁川에서
태을도인太乙道人
충덕忠德 유성일柳成日

축사

대시국 건설에 큰 뜻을 같이할 의통군

   1871년 동방 땅 조선에 모든 인류가 바라던 하느님이 강세하십니다. 다 죽을 수밖에 없는 인류의 씨종자라도 살리시기 위해 인간으로 하느님이신 옥황상제님께서 강씨 성으로 오셨습니다.

   "서양사람 이마두(마테오 리치)가 동양에 와서 천국을 건설하려고 여러 가지 계획을 내었으나, 쉽게 모든 적폐를 고치고 이상을 실현하기 어려우므로 마침내 뜻을 이루지 못하고, 다만 하늘과 땅의 경계를 틔워 예로부터 각기 지경을 지켜 서로 넘나들지 못하던 신명들로 하여금 서로 거침없이 넘나들게 하고, 그 죽은 뒤에 동양의 문명신을 거느리고 서양으로 돌아가서 다시 천국을 건설하려 하였나니, 이로부터 지하신이 천상에 올라가 모든 기묘한 법을 받아 내려 사람에게 알음귀를 열어주어 세상의 모든 학술과 정묘한 기계를 발명케 하여 천국의 모형을 본떴으니, 이것이 현대의 문명이라. 그러나 이 문명은 다만 물질과 사리에 정통하였을 뿐이요, 도리어 인류의 교만과 잔포를 길러내어 천지를 흔들며 자연을 정복하려는 기세로써 모든 죄악을 꺼림 없이 범행하니, 신도의 권위가 떨어지고 삼계가 혼란하여 천도와 인사가 도수를 어기는지라. 이에 이마두는 모든 신성과 불타와 보살들로 더불어 인류와 신명계의 큰 겁액을 구천에 하소연하므로, 내가 (이마두를 데리고) 서천서역대법국 천계탑에 내려와서 삼계를 둘러 보고 천하를 대순하다가 이 동토에 그쳐, (석가모니의 당래불 찬탄설 게에 의거하야 승僧 진표가 당래의 비음을 감통하고 건립하여 지심 기원해 오던) 모악산 금산사 미륵금상에 임하여 삼십 년을 지내면서 최수운에게 천명과 신교를 내려 대도를 세우게 하였더니, 수운이 능히 유교의 테밖에 벗어나 진법을 들쳐 내어 신도와 인문의 푯대를 지으며 대도의 참빛을 열지 못하므로, 드디어 갑자1864년에 천명과 신교를 걷우고 신미1871년에 스스로 세상에 내려왔노라."

(『대순전경』 pp.303-305)

물질 만능의 문명이 삼계의 혼란과 죄악을 범하여 하늘의 도道와 신도의 권위가 떨어져 인류가 다 죽게 되어 있습니다. 하느님이시며 천지부모님이신 증산상제님과 고수부님께서 오시어 큰 화를 작은 화로 다스리며 다 죽게 생긴 인류를 마음심판하여 씨종자를 건져 살리시기 위해 오셨습니다. 모든 겁재를 다 물리치시고 오직 전쟁인 병겁과 급살병인 병겁을 남겨 놓으셨습니다. 1차, 2차, 3차 대전으로 다 죽을 수밖에 없는 인류의 큰 화를 작은 화로 막으시고, 급살병으로 다 죽을 수밖에 없는 인류를 의통으로 살려 후천 상생의 세상으로 넘어가게 하셨습니다.

앞으로 우리에게 남겨진 과제는 북한에서 일어날 전란과 동시에 군산에서 발발할 급살병입니다. 급살병은 신명의 마음심판입니다. 급살병에서 사람을 살리는 것이 의통입니다. 이 의통을 태을도인에게 남겨 주셨습니다. "어진 인을 잘 지키고 의통을 알아 두라." 하셨습니다. 의통을 주도하는 적장자인 단주수명자인 저자를 통해 살려서 통일하게 하셨습니다. 이 책의 저자인 단주수명자 이훈오 태을도 대종장님을 통해 마음을 같이 하는 천지부모님의 도의 아들과 딸들에 의해 급살병을 극복하고 새로운 세상 후천 대시국을 건설하게 하셨습니다.

천지부모님으로부터 천명을 받은 단주수명자인 저자의 『군산발 급살병과 대시국 의통군』에 하느님 아버지와 어머니이신 천지부모님의 대행자로 우리나라를 49일 동안, 전 세계를 3년 동안 휩쓸 급살병에서 사람을 살려 후천 대시국을 건설하는 큰 뜻을 같이할 의통군들이 모이기를 간절히 바라는 마음을 담았습니다. 이 책을 통해 하느님의 뜻을 이루는 대업을 같이할 의통군들이 각성하여 같이 급살병을 극복하고 후천 대시국을 건설하기를 기원합니다.

대시大時 9년 음력 1월 1일
천원天元 124년 음력 1월 1일
서기西紀 2024년 양력 2월 10일

진해鎭海에서
태을도인太乙道人
충일忠日 방윤혁房倫爀

축사

천지부모님의 마음을 전수 받아
태을생명력을 회복하길

  대한민국은 이승만 대통령의 4대 건국 기둥인 자유민주주의·자유시장경제·한미동맹·기독교입국론으로 설계되어 급속한 경제성장과 발전을 이룩하였습니다. 그러나 김대중·노무현·문재인 정권의 주사파 세력이 국회를 장악하여 연방제 통일을 이루기 위한 공산전체주의와 기독교 간에 마지막 영적 전쟁을 벌이고 있습니다.

  지난 2020년, 코로나 팬데믹을 이유로 개정 감염병 예방법이 거대 야당에 의해 발의 통과되어 그해 12월 30일 시행되었는데, 소위 교회폐쇄법이라 비판받으며 낮은 연방제 통일로 가기 위한 포석으로 파악되는 이 법의 시행으로, 9천여 교회가 실제로 문을 닫았습니다. 이번 22대 총선에서는 반드시 자유 우파가 승리하여, 의통기지인 대한민국을 지켜 내고 세계일가 통일정권 대시국을 건설하여 의통성업을 집행해야 합니다.

  한반도는 선천 상극세상을 마감하고 후천 상생세상을 여는 마지막 전쟁터요, 처음 있는 병겁터입니다. 병겁은 군산 개복에서 시발하여 전 세계로 퍼지는 급살병입니다.

어느 날 공사를 보시며 가라사대 "이후에 병겁이 침입할 때, 군산 개복에서 시발하여 폭발처로부터 이레 동안 뱅뱅 돌다가 서북으로 펄쩍 튕기면 급하기 이를 바 없으리라. 이 나라를 49일 동안 싹 쓸고 외국으로 건너가서 전 세계를 3년 동안 쓸어버릴 것이니라." 하시니라.

(정영규, 『천지개벽경』 p.327)

지금은 천하창생이 진멸지경에 박도한 급살병 전야입니다. 마음을 심판하는 급살병이 군산 개복에서 시작되어 전 세계를 휩쓸게 됩니다. 이 급살병에서 살아남으려면 마음을 잘 닦고 부지런히 태을주를 읽어 상극의 마음을 상생의 마음으로 바꾸어야 목숨을 부지할 수 있습니다.

급살병을 앞두고 의통성업을 준비하기 위해 태을도 대시국이 2016년 동지에 성사재인하여 출범하였습니다. 가가증산家家甑山, 가가태을家家太乙입니다. 집집마다 증산상제님을 모시고 태을주를 읽어 마음속에 깃든 독기와 살기를 풀어 없애야 합니다.

증산상제님께서는 "지금은 태을도를 만나 태을도인으로 포태되는 아동의 운수이니, 태을도를 받드는 태을도인이 되는 그날이 그 사람의 후천인생에서 한 살이 되느니라."고 말씀하셨습니다. 본 책자를 통해 천지부모님의 마음을 전수 받아 태을생명력을 회복하여 후천 상생의 새 생명으로 거듭나기를 축원합니다.

대시大時 9년 음력 1월 1일
천원天元 124년 음력 1월 1일
서기西紀 2024년 양력 2월 10일

장성長城에서
태을도인太乙道人
충양忠陽 승영복承永福

축사

일치단결된 속육임군으로 구성된
대시국 60만 의통군

고타마 싯다르타께서 말씀하신 사성제의 첫째는 고성제이다. 기쁨도 희망도 괴로움이며, 욕계와 색계와 무색계에 묶여서 끝 모를 윤회를 거듭하는 것도 괴로움이다. 그래서 욕계에서는 계를 지키면서 초선정初禪定에 들고, 색계에서는 마음으로 만든 몸이 육신을 벗어나는 심해탈을 이루고, 무색계에서는 마음이 마음으로 만든 몸을 벗어나는 혜해탈(멸진정)을 이루라고 하셨다.

그런데, 싯다르타는 돌아가실 때, 초선정-2선정-···-무소유처정-비상비비상처정-멸진정에 드셨다가 멸진정-비상비비상처정-···-2선정-초선정에 오셨다가 초선정-2선정-3선정-4선정을 거쳐 반열반般涅槃에 드셨다. 성주괴공成住壞空, 물질이 생기고, 머물고, 변화하고, 소멸하는 네 가지 현상의 주겁住劫에서 괴겁壞劫으로 넘어갈 때, 욕계/색계 중생이 무색계로 잘 넘어갈 수 있도록 하기 위함은 아니셨는지···.

또, 이태백은 도리원에서 있었던 춘야연에서 '부천지자만물지역려夫天地者萬物之逆旅, 광음자백대지과객光陰者百代之過客. 이부생약몽而浮生若夢, 위환기하爲歡幾何? 고인병촉야유古人秉燭夜遊, 양유이야良有以也.'로 시작하는, 만고의 문장을 해원시키는 글을 지었다. 밤늦도록 불 밝히고 놀았던 이유는, 때가 아니기에 인생이 꿈결 같다고 느끼는 마음의 병이 있었기 때문은 아니었을까?

대저, 병이라는 것은 도가 없기에 나온다. 대세와 소세가 있는 병에는 약이 없거나 혹 사물탕 팔십 첩이 있기는 하지만, 도를 얻으면 큰 병도 작은 병도 스스로 낫게 되는 법이다. 천하의 병이 있는 자는 천하의 약을 써야 궐병이 내유하는 법이다.

그렇다면, 그 도라는 것은 대체 무엇일까? 그 도는, 아는 자는 알고 모르는 자는 모르는 강생원집 잔치 같은 '태을도太乙道'이다.

물약자효하고 궐병내유하는 '태을도'일지라도, 태을도가 펼쳐질 시간대를 만나야 한다. 태을도가 만나는 크나큰 그 시간대가 대시大時이다. 태을도가 그 시간대를 만나서 현실적으로 펼쳐진 모습이 대시국大時國이다.

역사적으로 구정권舊政權이 무너져 갈 때, 신세력新勢力이 그 속에서 성장했다. 그리고 특정 사건을 계기로 신세력은 역사 흐름의 주류인 신정권新政權이 되었다. 역사는 그렇게 반복되며 흘러왔다.

현재 대한민국은 무너져 가고 있다. 자유민주주의와 공산전체주의로 드러난 기독교 현대문명도 무너져 가고 있다. 빅뱅 이후 분열과 성장의 흐름인 성겁과 주겁을 거쳐, 무간지옥에 중생이 채워지면서 우주도 무너져 가고 있다.

무너져 가는 선천의 우주 속에서, 신세력을 만들기 위해 천하 만방의 문명신을 거느리고 후천의 조화정부를 여신 분이 계셨다. 이 분은 후천의 당요이시며 국호를 대시로 칭하셨다. 그리고, 이 분은 '단주수명'을 밝히셨다.

무너져 가는 선천의 우주 속에서, 단주는 이분에게서 명命을 받았다. 명을 받은 단주는, 위에서 말한 그 도를 '태을도'라 명명했다. 그리고, 단주는 정해진 국호를 바탕으로, 둥둥 떠내려가고 무너져 가는 대한민국과 기독교 현대문명과 선천 우주를 건지기 위해 '대시국'을 선포했다.

신세력은 그렇게 성장하고 있었다. 이 신세력은 특정 사건을 계기로 역사 흐름의 주류가 된다. 특정한 사건 중의 하나가 '평양발 대전란과 군산발 급살병'이다.

'태을도'를 명명하고 '대시국'을 선포한 저자는 『군산발 급살병과 대시국 의통군』이라는 책을 통해, 병겁에 대비해야 함을 설파하고 있다. 그러기 위해서는 태을도 대시국에 일치단결된 속육임군으로 구성된 60만 명의 의통군이 필요함을 역설하고 있다. 그리고, 태을도 대시국의 건방설도를 통해 후천 우주로 나아가는 의통성업에 대한 비전을 제시하고 있다.

저자의 이 책은, 때를 만나지 못해서 궐병이 있는 모든 이들을 스스로 치료하게 하는 약이 될 것이다. 뜻있는 사람들이, 대한민국이, 전 세계가, 온 우주가 힘들고 아파하는 지금 이 순간에 이렇게 훌륭한 약이 세상에 출판된다는 것은 너무도 큰 축복이 아닐 수 없다!

대시大時 9년 음력 1월 1일
천원天元 124년 음력 1월 1일
서기西紀 2024년 양력 2월 10일

부산釜山에서
태을도인太乙道人
충헌忠憲 최익정崔益禎

축사

지구촌 형제들을 살리는
의통조직의 일원이 되시길

"천지만물이 한울을 떠나면 명命이 떠나는 것이니, 태을太乙을 떠나서 어찌 살기를 바랄 수 있으리요. 태을주太乙呪는 곧 약이니, 이 약을 먹지 않고는 살지 못하리라."

(정영규, 『천지개벽경』 p.147)

큰 시운의 갑진년 새해가 밝았습니다. 선천의 말대에 살아가는 80억 명의 지구촌 가족들이 먹고사는 일에 급급하니, 우리가 어느 계절에 살고 있으며 어디로 향해 가고 있는가를 전혀 깨닫지 못하고 있습니다.

'지천하지세자知天下之勢者 유천하지생기有天下之生氣, 암천하지세자暗天下之勢者 유천하지사기有天下之死氣 - 세상의 일을 아는 자는 살 기운이 있고, 세상의 일을 모르는 자는 죽을 기운이 있다'는 증산상제님 말씀입니다.

선천 오만 년의 상극 기운이 독기와 살기로 폭발함에 따라 전쟁과 자연재해, 재난 범죄와 폭력, 자식이 부모를, 부모가 자식을 해하는, 인간으로서 용납될 수 없는 천륜 범죄 등으로, 끝내는 북사도 전란과 남군산 병겁(괴질)이라는 결론에 도달하였습니다.

하루는 가라사대, "앞으로 시두(천연두)가 없다가 때가 되면 대발할 참이니, 만일 시두가 대발하거든 병겁이 날 줄 알아라."

(『동곡비서』 p.29)

어느 날 공사를 보시며 가라사대 "이후에 병겁이 침입할 때 군산 개복에서 시발하여 폭괄처로부터 이레 동안 뱅뱅 돌다가 서북으로 펄쩍 튕기면 급하기 이를 바 없으리라. 이 나라를 49일 동안 싹 쓸고 외국으로 건너가서 전 세계를 3년 동안 쓸어버릴 것이니라."

(정영규, 『천지개벽경』 p.327)

"병란병란兵亂病亂이 동시에 발하노라."

(이중성, 『천지개벽경』 p.353)

위의 말씀처럼 독기와 살기로 폭발하는 선천 말대의 참혹한 상황을 경고해 주십니다. 하지만 병이 있으면 약도 있기 마련입니다. 육신의 옷을 입고 오신 천지의 아버지이신 강증산姜甑山 상제님께서는 후천 세상의 종자(조상의 음덕과 삼생의 인연이 있는 사람)를 살리고 후천선경을 건설하여, 오직 천심을 가진 자만이 살 수 있는 법방을 천지공사로써 질정해 놓고 어천하셨습니다. 천지의 어머니이신 고판례 수부님은 신정공사로 확정하신 것입니다.

"오는 잠 적게 자고 태을주를 많이 읽으라. 태을太乙은 하늘 으뜸가는 임금이니, 오만 년 동안 동리동리 학교에서 외우리라."

(『대순전경』 p.358)

약藥인즉, 생명의 근원인 태을주太乙呪를 내려 주셨습니다. 태을주로 대개벽기 때 나도 살고 많은 사람을 살려 천지에 보은한다고 했습니다.

대망의 갑진년이 밝았습니다. 청룡의 기운으로 천지부모님과 인연이 닿아 이 책을 정독하시는 분들의 혜각이 열려 천지부모님의 상생의 대도를 접하시기를 진심으로 기원합니다. 『군산발 급살병과 대시국 의통군』의 출간을 환영하며, 만인이 정독하여 다가오는 병란病亂에 많은 지구촌 형제들을 살리는 의통조직의 일원이 되기를 진심으로 축원합니다.

대시大時 9년 음력 1월 1일
천원天元 124년 음력 1월 1일
서기西紀 2024년 양력 2월 10일

김해金海에서
태을도인太乙道人
충암忠菴 박무송朴茂松

축사

대시국 의통성업에 참여하는
태을도인으로 인연 되시길

    길을 가다 보면 위장막에 싸여서 이동 중인 차량을 볼 수 있습니다. 신차 출시를 앞두고 실지 주행 테스트를 하는 차량입니다. 위장막에 싸여 있어서 어떤 차량인지는 정확히 알 수 없지만, 새로운 차량이 곧 출시될 것이라는 사실은 명확히 알 수 있습니다.

    세계에는 지금 전쟁과 질병의 소용돌이가 몰아치고 있습니다. 러시아-우크라이나 전쟁에 이어서 이스라엘-하마스 전쟁까지 발발했습니다. 이러한 상황이 대만과 한반도에까지 확대될 수도 있다고 전문가들이 우려하고 있습니다.

    코로나 팬데믹 이후로 새로운 질병 발생에 대한 우려도 점점 커지고 있습니다. 새롭게 발병할 질병명을 질병X(Disease X)로 명명하고 선제적으로 대비하는 국가들도 있습니다.

    확언할 수는 없지만, 점점 더 큰 변국으로 향한다는 느낌을 지울 수 없습니다. 과거 역사를 볼 때, 이처럼 혼란한 시대에는 새로운 사상과 새로운 패러다임이 등장해 왔습니다.

선천 말의 혼란한 시기에 참하느님이신 증산상제님께서 인간으로 강세하시어 새로운 도를 여시고 하느님의 나라가 건국되도록 천지공사를 보셨습니다. 그 도가 태을도太乙道이고, 그 나라가 대시국大時國입니다.

아직은 위장막에 싸인 것처럼 세상 사람들이 명확히 알지 못하지만, 점점 위장막이 벗겨지고 세상에 드러날 때가 다가오고 있다고 확신합니다. 이러한 때에 발맞추어 『군산발 급살병과 대시국 의통군』 책이 출간되는 것은 참으로 의의가 깊다고 생각됩니다. 이 책을 통해서 많은 분들이 대시국 의통성업에 동참하는 태을도인으로 인연 되시기를 두 손 모아 기도합니다.

대시大時 9년 음력 1월 1일
천원天元 124년 음력 1월 1일
서기西紀 2024년 양력 2월 10일

서울에서
태을도인太乙道人
충영忠英 김태우金泰佑

1부
군산발 급살병

하나님이 인간으로 오셨다

① 강증산 천주님

상제님 경석과 공우에게 일러 가라사대 "이제 만날 사람 만났으니 통정신通精神이 나오노라. 나의 일은 비록 부모 형제 처자라도 모르는 일이니, 나는 '서천서역대법국 천계탑 천하대순'이라. 동학주東學呪에 '시천주조화정侍天主造化定'이라 하였으니, 내 일을 이름이라. 내가 천지를 개벽하고 조화정부를 열어 인간과 하늘의 혼란을 바로잡으려 하여, 삼계를 둘러 살피다가 너의 동토에 그쳐 잔피에 빠진 민중을 먼저 건지려 함이니, 나를 믿는 자는 무궁한 행복을 얻어 선경의 낙을 누리리니 이것이 참 동학이라. 궁을가에 '조선강산 명산이라 도통군자 다시 난다.'라고 하였으니, 또한 나의 일을 이름이니라. 동학 신자 간에 '대선생大先生이 갱생하리라.'고 전하니, 이는 대선생代先生이 다시 나리라는 말이니 내가 곧 대선생이로다." 또 가라사대 "예로부터 계룡산의 정씨 왕국과 가야산의 조씨 왕국과 칠산의 범씨 왕국을 일러오나, 이 뒤로는 모든 말이 영자影子를 나타내지 못하리라. 그러므로 정씨를 찾아 운수를 구하려 하지 말지어다." 하시니라.

(『대순전경』 pp.111-112)

② 옥황상제 미륵존불

대선생은 하늘에 계시어 옥황상제시더니, 인존시대에 인신으로 출세하사 용화세계에 기륵존불이시니라. 천정에 불표가 있으시고, 입안에 여의주를 머금으시고, 양손에 임무壬戊자를 쥐고 계시니라. 증산상제님께서 말씀하시기를 "나는 남방 삼이화니라. 나는 금산 미륵이니라."

(이중성, 『천지개벽경』 p.14)

③ 모든 이들의 스승

하루는 종도들에게 일러 가라사대 "예수교도는 예수의 재강림을 기다리고 불교도는 미륵의 출세를 기다리고 동학신도는 최수운의 갱생을 기다리나니, 누구든지 한 사람만 오면 각기 저의 스승이라 하여 따르리라."

(『대순전경』 p.162)

④ 강증산 인신강세

"서양사람 이마두가 동양에 와서 천국을 건설하려고 여러 가지 계획을 내었으나, 쉽게 모든 적폐를 고치고 이상을 실현하기 어려우므로, 마침내 뜻을 이루지 못하고 다만 하늘과 땅의 경계를 틔워. 예로부터 각기 지경을 지켜 서로 넘나들지 못하던 신명들로 하여금 서로 거침없이 넘나들게 하고, 그 죽은 뒤에 동양의 문명신을 거느리고 서양으로 돌아가서 다시 천국을 건설하려 하였나니, 이로부터 저 하신이 천상에 올라가 모든 기묘한 법을 받아 내려 사람에게 알음구를 열어주어 세상의 모든 학술과 정묘한 기계를 발명케 하여 천국의 모형을 본 떴으니, 이것이 현대의 문명이라. 그러나 이 문명은 다만 물질과 사리에 정통하였을 뿐이요, 도리어 인류의 교만과 잔포를 길러내어 천지를 흔들며 자연을 정복하려는 기세로써 모든 죄악을 꺼림 없이 범행하니, 신도神道의 권위가 떨어지고 삼계가 혼란하여 천도와 인사가 도수를 어기는지라. 이에 이마두는 모든 신성과 불타와 보살들로 더불어 인류와 신명계의 큰 겁액을 구천에 하소연하므로, 내가 서천서역대법국 천계탑에 내려와서 삼계를 둘러보고 천하에 대순하다가 이 동토에 그쳐, 모악산 금산사 미륵금상에 임하여 삼십 년을 지내면서 최수운에게 천명과 신교를 내려 대도를 세우게 하였더니, 수운이 능히 유교의 테 밖에 벗어나 진법을 들쳐 내어 신도와 인문의 푯대를 지으며 대도의 참빛을 열지 못하므로, 드디어 갑자1864년에 천명과 신교를 걷우고 신미1871년에 스스로 세상에 내려왔노라."

(『대순전경』 pp.303-305)

⑤ 상제강세 선악심판

제자가 여쭙기를 "수운이 '우리 동방 삼년 괴질 그 누가 막을 것인가'라고 하고, '십이제국 괴질운수 누가 능히 막을 것인가'라고 하나니, 과연 그러하나이까." 대선생께서 이르시기를 "거의 대강을 들어서 말하였나니, 천하가 다 그러하느니라. 토정이 '병란도 아니고 굶주림도 아닌데, 쌓인 시체가 길에 넘쳐난다'라고 말하지 아니하였느냐. 또한 토정이 '병病으로 만 명이 죽으면, 기근으로 천 명이 죽고,

병란兵亂으로 백 명이 죽는다'고 이르지 않았느냐. 때가 되면 죽음이 홍수 밀리듯 할 것이니라. 누워 일어날 여유도 없고 국 떠 마실 시간도 없으리니, 의통醫統을 배워두라." 제자가 여쭙기를 "불가에 미륵불이 출세한다는 말이 있고, 서도에 예수가 부활한다는 말이 있고, 동학에 수운이 갱생한다는 말이 있으니, 과연 그러하나이까." 대선생께서 이르시기를 '죽은 사람은 다시 살아나지 못하느니라. 그런고로 한 사람이 오면 천하 중생이 다 자기 선생이라 하여 따를 것이니라." 제자가 여쭙기를 "세상에 돌아다니는 말에 '천주가 세상에 강림하사 선악을 심판한다'라고 하나니 과연 그러하나이까." 대선생께서 말씀하시기를 "인존세상에는 상제上帝가 인간 세상에 내려와 선악을 심판하나니라. 천존과 지존보다 인존이 더욱 중요하나니, 지금은 인존시대이니라."

(이중성,『천지개벽경』pp.52-53)

북사도 전란 남군산 병겁

① 병란병란 동시이발

"병란병란兵亂病亂이 동시에 발하노라."

(이중성, 『천지개벽경』 p.353)

② 밖에서 안으로 욱여든다

하루는 종도들과 더불어 원평에다 미리 준비시켜 둔 개고기와 술을 잡수시고, 가라사대 "너희들은 바로 구미산龜尾山에 오르라." 명하신 후 상제께서는 유문柳門거리를 돌아서 구미산에 오르시더니, 물으시기를 "지금 어느 때나 되었느뇨." 하시거늘 어느 종도가 여쭈어 가로대 "정오 시쯤 되었을 듯하옵나이다." 하고 아뢰는데, 이때 문득 김자현이 원평을 내려다보더니 놀래며 말하기를 "원평장에서 장꾼들이 서로 대가리 다툼을 하나이다." 하고 고하거늘 모든 종도들이 장터를 내려다보니, 이때 오고 가는 장꾼들이 서로 머리를 부딪히고 다니며, 앉아서 전을 보는 사람은 기둥이나 옆에 있는 벽에라도 자기 머리를 부딪히며 비비대더라. 종도들이 놀래어 물어가로대 "어찌하여 장꾼들이 저러하나이까." 물으니 대답하여 가라사대 "내가 한날한시에 천하 사람들을 저와 같이 싸움을 붙일 수 있노라. 너희들은 부디 조심할지니, 나의 도수는 밖으로부터 안으로 욱여드는 도수니라. 천하대세를 잘 살피도록 하고 오늘의 이 일을 잘 명심하도록 하라." 하시더라.

(정영규, 『천지개벽경』 pp.115-116)

③ 세상이 막 일러 준다

"이언俚言에 '짚으로 단든 계룡'이라 하나니, 세상이 막 일러 주는 것을 모르나니라." 하시니라.

(『대순전경』 p.144)

④ 북사도 전란

어느 때 신정공사를 베푸시며 선포하시니 이러하시니라.
"수지자웅이라 누가 알 것이며
오지자웅이라 이를 누가 알리요.
희고 검은 것을 그 누가 알 것인가.
지지자知之者는 지지知之하고
부지자不知者는 부지不知로다.
삼팔목三八木이 들어서 삼팔선三八線이 왠일인고
삼일三一이 문을 열어 북사도北四道가 전란戰亂이라.
어후하니 후닥딱 번쩍하니 와그락
천하가 동변이라.
운수보소 운수보소 질병목의 운수로다
천지조화 이 아닌가.
단주수명丹朱受命 우주수명宇宙壽命
지기금지원위대강至氣今至願爲大降"
하고 창하시더라.

(『선도신정경』 p.150)

⑤ 남군산 병겁

어느 날 공사를 보시며 가라사대 "이후에 병겁이 침입할 때, 군산 개복에서 시발하여 폭발처로부터 이레 동안 뱅뱅 돌다가 서북으로 펄쩍 튕기면, 급하기 이를 바 없으리라. 이 나라를 49일 동안 싹 쓸고, 외국으로 건너가서 전 세계를 3년 동안 쓸어버릴 것이니라." 하시니라.

(정영규, 『천지개벽경』 p.327)

1장
한반도는 지구의 혈자리

　세상은 눈 밝은 사람이 주인입니다. 눈이 어두운 사람은 끌려가는 사람입니다. 세상은 여여하게 주야로 밝게 돌아가지만, 세상의 중심을 벗어나면 그림자에 덮여 일생을 주변인으로 살아갑니다. 세상을 이끌어 가는 주인으로서 진리의 빛을 비추려면 눈 밝은 사람이 되어야 합니다. 세상에서 가장 눈 밝은 사람이 태을도인입니다. 천지부모님을 모시고 태을도에 입도하여 태을도인의 길을 간다는 것은 눈 밝은 사람으로 새 출발하는 것입니다.

　세상은 중심이 있어야 돌아갑니다. 중심이 제대로 역할을 하고 나서야 주변이 중심을 따라 안돈되고 자리를 잡습니다. 천지부모님이 원하는 참된 신앙인은 죽음의 문턱에 가서도 중심을 절대 잃지 않는 사람입니다. 천지부모님이 바라는 올바른 신앙인은 일상생활 속에서도 생사의 고비를 넘어서는 훈련을 철저히 하는 사람입니다. 태을도인은 천지부모님의 천명을 받고 도제천하 의통성업에 매진하는 참되고 올바른 신앙인입니다.

　시대가 사람을 부르고, 운수가 사람을 맞이합니다. 지금은 우주 일원에 단 한 번뿐인 대전란과 급살병이 폭발하는 후천개벽기입니다. 독기와 살기의 상극인간을 대청소하는 마지막 시기입니다. 북사도 전란과 남군산 병겁은 인간의 독기와 살기가 불러온 것입니다. 난세에 성인과 영웅이 나온다고 했습니다. 절체절명의 난세에 성웅겸비의 태을도인이 나왔습니다. 병란병란에서 세계 인류를 구하는, 눈 밝고 중심 잡힌 성웅겸비의 사람이 태을도인입니다.

1. 통일 전야에 터지는 급살병

어느 때 신정공사를 베푸시며 선포하시니 이러하시니라.
"수지자웅이라 누가 알 것이며
오지자웅이라 이를 누가 알리요.
희고 검은 것을 그 누가 알 것인가.
지지자知之者는 지지知之하고
부지자不知者는 부지不知로다.
삼팔목三八木이 들어서 삼팔선三八線이 왠일인고
삼일三一이 문을 열어 북사도北四道가 전란戰亂이라.
어후하니 후닥딱 번쩍하니 와그락
천하가 동변이라.
운수보소 운수보소 질병목의 운수로다
천지조화 ㅇ 아닌가.
단주수명丹朱受命 우주수명宇宙壽命
지기금지원위대강至氣今至願爲大降."
하고 창하시더라.

(『선도신정경』 p.150)

한반도 통일 전야에 급살병겁이 터집니다. 하늘에서 정해진 이치입니다. 증산상제님께서는 천지 이치를 천지도수로 디화하는 천지공사를 보셨습니다. 지금은 천지도수 따라 분단에서 통일로, 상극에서 상생으로, 대전환하는 후천개벽기입니다. 독기와 살기가 온 세상에 흘러넘쳐 세상이 막장으로 갈 때, 평양 대전란과 더불어 군산 개복에서 급살병이 터집니다. 그때가 점점 무르익고 있습니다.

 후천개벽기는 천지인신이 태을로 원시반본하여 통일되는 통일개벽기입니다. 선천 상극의 금수세상이 마감되고 후천 상생의 태을세상이 열리는 통일개벽기에 폭발하는 군산발 급살병에, 태을주 방방곡곡 태을도 방방곡곡 태을도인 방방곡곡입니다.

2. 죽음의 통곡 소리가 들리지 않는가

"시속에 부녀자들이 비위만 거슬리면 급살 맞아 죽으라 이르나니, 이는 급살병을 이름이라. 하룻밤 하룻낮에 불면불휴하고 짚신 세 켤레씩 떨어치며 죽음을 밟고 넘어 병자를 건지리니, 이렇듯 급박할 때에 나를 믿으라 하여 안 믿을 자가 있으리요. 시장이나 집회 중에 갈지라도 '저 사람들이 나를 믿으면 살고 잘되련만' 하는 생각을 두면, 그 사람들은 모를지라도 덕은 너희들에게 있으리라."

(『대순전경』 p.314)

군산 개복에서 급살병이 발발합니다. 부녀자들이 악담할 때 흔히 썼던 그 급살병입니다. 급살병急煞病에 담긴 말뜻 그대로 급살急煞맞아 즉사卽死하는 병입니다. 한반도를 49일, 전 세계를 3년 동안 휩쓸게 됩니다. 집집마다 도시마다 시체가 넘쳐납니다.

마음심판의 급살병입니다. 독기와 살기의 상극인간을 대청소합니다. 마음에 먹줄을 놓아 상생의 마음종자만을 추립니다. 급살병은 상극의 묵은 세상을 마감하고 상생의 새 세상을 열기 위한 천지의 마지막 선택입니다. 급살병이 돌기 시작하면 순식간에 아비규환의 공포가 세상을 엄습합니다.

상생천지에 상생인간입니다. 독기와 살기를 풀어 없애야 상생인간이 됩니다. 독기와 살기의 인간에게는 상생기운이 곧 급살병이 됩니다. 독기와 살기를 뿌리 뽑지 않으면 상생기운을 감당할 수 없습니다. 상극기운이 가득 찬 오장육부는 상생기운을 못 이겨 뒤틀리고 터지게 됩니다. 시체 썩는 냄새가 천지를 진동하고, 죽음의 통곡 소리가 천지에 가득 차게 됩니다.

독기와 살기가 불러온 급살병입니다. 제 독기가 제 명줄을 끊고, 제 살기가 제 목숨을 거둡니다. 독기와 살기로 가득 찬 이꿋투쟁으로 진멸지경에 박도한 천하창생입니다.

3. 영혼을 잡아가는 급살병

> 증산상제님 가라사대 "이 뒤에 이름 모를 괴이한 병이 창입할 때가 있으리니, 그때에는 사람들의 죽음이 새비 떼(새우 떼) 밀리듯 하리라." 하시니라.
>
> (정영규, 『천지개벽경』 p.326)

사람이 죽을 때는 너나없이 명부사자가 그 사람의 영혼을 데려갑니다. 몸과 영혼이 분리되는 현상이 바로 죽음입니다. 병에 의해서든, 사고에 의해서든, 또는 기력이 다해서든, 사람의 몸이 영혼을 온전히 담을 수 없는 상태가 되었을 때 죽음을 맞이합니다.

우리가 일반적으로 목격하는 죽음 현상은 그 내용과 범위 면에서 어느 정도 다르지만, 이해하고 받아들일 수 있는 것들입니다. 그러나 증산상제님이 말씀하신 괴질병은 듣지도 보지도 못한 초급성 떼죽음입니다. 영혼을 순식간에 잡아가는 것이기에, 어떻게 손써 볼 겨를도 없이 그저 속수무책일 뿐입니다.

영혼을 잡아가는 괴질은 후천개벽 시 인류가 맞이해야 하는 숙명입니다. 동서양 의술이 아무리 발달해도 무용지물이 됩니다. 오직 태을주라야 생명을 보존할 수 있습니다. 떠나가는 영혼이, 잡혀가는 영혼이, 태을주를 만나지 못하면 결국 명을 보존할 수 없습니다. 증산상제님의 천명을 받은 괴질신장이 사람마다 임하여 인정사정없이 영혼을 잡아갈 때, 그 통곡소리가 천지에 사무칠 것입니다.

선천 오만 년을 종결하는 괴질병으로, 영혼이 순식간에 빠져나가 '가다 죽고, 오다 죽고, 자다 죽는' 아수라장의 상황이 펼쳐집니다. 괴질병이 코앞에 다가왔음을 아는 자는 등에 콩이 튀고 일월의 불칼 같이 바쁘기 한량없겠지만, 가슴으로 아는 자가 얼마나 될지, 증산상제님은 벽을 향해 통곡하셨습니다. 준비하지 않으면 후회하고 후회한들 무슨 소용이 있겠습니까? 의통성업을 위해 모든 것을 바쳐야 할 때가 지금입니다.

4. 급살병은 신병이다

"급살병이 돌 때, 약을 가졌다고 하는 자는 먼저 죽느니라."

(이중성, 『천지개벽경』 p.232)

　마음을 심판하는 급살병急煞病은 신神이 일으키는 신병神病입니다. 사람이 죽을 때 명부사자가 와서 영혼을 데리고 가듯이, 급살병이 돌면 천명을 받은 신장神將들이 영혼을 잡아가는 것입니다. 그래서 예로부터 하늘의 소식을 안 선인仙人들은, 귀신이 영혼을 잡아가는 것을 사람들은 모른다고 예언했던 것입니다.

　급살병이 돌면, 육신을 치료하는 어떠한 약으로도 목숨을 구할 수 없습니다. 신장神將이 영혼을 잡아가는 신병神病이기 때문입니다. 사람이 신神에 들리면, 세속의 그 어떤 의술로도 고칠 수가 없습니다. 몸에 한 번 들어온 신은 신의 뜻을 받아들이지 않으면 몸에서 나가지 않습니다.

　신병 들린 사람이 신의 뜻에 저항하면 할수록, 점점 더 괴롭힘을 당하고 일상생활을 해 나가기 어려워집니다. 밤낮으로 고통받아 피골이 상접해지고 목숨을 잃기까지 합니다. 신병을 고치는 유일한 방법은 무당집에 가서 내림굿을 통해 신을 몸에 받아들여 신의 뜻을 잘 받들거나, 큰 무당을 불러 굿을 해서 신을 잘 달래 보내는 것입니다.

　급살병은 신장들이 집행합니다. 신장들에게 명을 내리는 분이, 삼계의 신을 주재하여 통솔하는 강증산 상제님이십니다. 신장들이 증산상제님의 명을 받고 지상에 내려와 한 사람 한 사람 마음을 감평하여, 상극의 독기와 살기가 많은 사람, 거짓된 사람은 한 명도 남김없이 그 영혼을 모조리 거두어 흩어 버립니다. 신의 뜻을 거슬러 세속의 약을 쓰려는 사람은 먼저 죽습니다.

급살병이란 신병이 돌면, 약국도 병원도 소용없게 됩니다. 증산상제님께서 신도神道로 처방해 주신 신약神藥이 의통醫統입니다. 신장의 뜻에 거슬리지 않으려면, 신장들에게 천명을 내리는 증산상제님의 신도 처방을 받들어 실천하는 것뿐입니다. 신병이 들면 큰 무당을 찾아가 신의 뜻을 묻고 방법을 모색하듯이, 급살병이 돌면 일등무당一等巫堂인 고수부님을 찾아가야 합니다. 증산상제님께서는 천지굿을 통해, 고수부님을 급살병急煞病을 비롯한 모든 신병神病을 해결할 수 있는 일등무당으로 삼으셨습니다.

후천개벽기에는 마음을 심판하는 급살병이 발생합니다. 후천은 인간의 신성神性이 밝혀지는 상생시대입니다. 그러므로 금수와 같은 선천 상극시대를 마감하고 신성이 발현되는 후천 상생시대가 열리기 위해서는, 천명을 받은 신장들이 인간 세상에 내려와 각 인간의 마음을 살펴 상극의 거짓된 영혼을 순식간에 잡아가는 신병인 급살병으로 상극인간들을 정리할 수밖에 없습니다.

신장들은 증산상제님의 명을 충실히 이행하여 마음을 심판하여 영혼을 잡아갑니다. 강증산 상제님은 고판례 수부님을 일등무당으로 삼고, 단주를 내세워 선천 상극의 모든 살과 척을 푸는 천지해원굿을 하셨습니다.

그러므로 천지신장들이 내려와 급살병을 집행할 때, 사람들이 단주의 해원길을 따라가지 않으면 목숨을 부지할 수가 없습니다. 그것이 신을 주재하는 증산상제님의 뜻이고, 일등무당인 고수부님에게 맡기신 증산상제님의 위임사명입니다.

천지부모이신 증산상제님과 고수부님께서는 천하창생들에게, 단주의 해원길을 따라가라고 간곡히 당부하고 계십니다. 단주의 해원길은, 마음 닦고 태을주를 읽어 동물의 성정을 버리고 신성을 회복하는 것입니다. 단주를 따라 마음 닦고 태을주를 읽어 신성을 회복하지 않으면, 천지신장들이 영혼을 모두 잡아가고 맙니다. 신병인 급살병을 극복하는 길은, 증산상제님을 믿고 증산상제님의 처방인 의통을 따르는 것뿐입니다.

신병인 급살병을 치료하는 유일한 의통 처방이 '마음 닦고 태을주太乙呪를 읽는 것'입니다. 마음 닦고 태을주를 읽어야 신병인 급살병에서 살아날 수 있습니다. 증산상제님께서는 마음 닦기가 급하다고 일러 주시며, 태을주를 읽어야 생명을 구할 수 있다고 말씀하셨습니다.

5. 마음을 심판하는 급살병

증산상제님 말씀하시기를 "지금은 하늘에서 천심자를 찾고 있는 때이니, 상지하우上知下愚가 천심자니라. 반식자反識者는 우환尤患일 뿐이니라. 스스로 총명한 척하지 말라. 하늘이 복을 내려 주려 해도 받을 곳이 없느니라. 스스로 마음을 비우고 겸손한 자는 자연히 커지게 되고, 스스로 자만한 자는 자연히 작아지게 되느니라."

(이중성, 『천지개벽경』 p.137)

인간은 우주의 열매입니다. 인간은 하늘과 땅의 진액입니다. 후천개벽기를 맞아, 우주의 열매이자 천지의 진액인 인간이 천심을 닦은 만큼 영혼이 결실하게 됩니다. 우주 천지는 오직 인간의 마음자리만을 살펴보며 결실운을 기다리고 있습니다.

우리는 지금 선천 동안 분열·발달했던 우주 천지의 시공간이 결실하는 후천개벽의 가을철을 맞이하고 있습니다. 분열·성장하는 선천에서 수렴·결실하는 후천의 시공간으로 바뀌면서, 인간을 통해 우주가 결실하고 하늘과 땅의 진액이 열매 맺는 것입니다. 후천개벽은 천심자를 골라 결실하는 때입니다. 따라서 마음을 잘 닦아 선천 상극의 마음을 후천 상생의 마음으로 돌려야 열매를 온전히 맺을 수 있습니다.

급살병은 세계 인류가 후천개벽시대로 넘어가기 위해서 반드시 거쳐야 하는 천지의 통과의례입니다. 천지부모님은 급살병을 통해 인간의 마음을 살펴 천심자를 추수하시는 것입니다. 천지부모님의 명을 받은 천지신장들이 집행하는 급살병은, 인간이 닦은 마음을 살펴 천심자인 순천자順天者를 선택하고 패도자인 역천자逆天者를 골라내는 신병의 심판입니다.

마음을 잘 닦아 천심을 가지고 천지부모님을 맞이한 사람에게는, 마음자리에 따라 태을주太乙呪가 전해집니다. 태을주를 통해 생명의 기운이 전해지는 것입니다. '태을 천상원군'은 후천 가을세상을 여는 생명의 성령입니다. 천지부모이신 증산상제님과 고수부님께서는, 세계 인류가 생명의 성령인 '태을 천상원군'을 맞이할 수 있도록 태을주를 주셨습니다. 태을 천상원군은 마음으로 연결되는 우주 천지의 중앙심 자리이기에, 누구나 마음을 닦은 만큼 태을주를 통해 태을 천상원군의 생명기운을 받을 수 있게 됩니다.

마음을 잘 닦아 태을주를 읽지 않고는, 급살병에서 살아날 수 없습니다. 천심자를 고르는 급살병은 그 누구에게도 예외가 될 수 없습니다. 마음 닦는 것이 우선입니다. 증산상제님께서도, 지금은 하늘에서 천심자를 찾는 때라고 일러 주시며, 때가 급할수록 마음 닦기가 우선이라고 말씀하셨습니다. 마음을 잘 닦아, 선천 상극인간의 마음을 버리고 후천 상생인간의 마음을 가져야 합니다. 천지부모님은 우리의 마음자리만을 보고 영혼을 결실하시는 것입니다.

후천개벽기인 지금은, 천지신명이 우리의 마음자리를 타고 인간과 더불어 마음껏 해원하는 시대입니다. 따라서 마음을 잘 닦아 마음의 중심을 제대로 잡지 않으면, 신명들에 휘둘려 낙오자가 되기 쉽습니다. 증산상제님께서는 천심을 닦아 진심을 잘 지켜야 천록을 받을 수 있다고 말씀하셨습니다.

 우리는 지금 증산신앙 100년의 역사를 맞이하고 있습니다. 그동안 선배 신앙인들의 혈심 어린 포교 덕분에, 세상 사람들이 증산상제님을 만나는 것은 쉬울 수도 있습니다. 그러나 증산상제님의 가르침을 올바로 잘 배워, 마음을 닦아 천심을 갖는 새 사람으로 재생신되기는 그리 쉽지 않습니다. 우리의 어머니 고수부님께서 우리한테, 마음을 잘 닦아 새 사람으로 태어나라고 하신 말씀을 잊지 말아야 하겠습니다.

6. 전 인류가 진멸지경에 빠진다

"이 뒤에 병겁이 광나주에서 시발하면 전라남도가 어육지경이요, 군창(군산)에서 시발하면 전라북도가 어육지경이요, 인천에서 시발하면 세계가 어육지경이 되리라." 하시니라.

(『용화전경』 p.60)

급살병은 선천 상극인간을 후천 상생인간으로 태워 내기 위한 천지의 몸부림입니다. 봄 여름 가을 겨울 사계절의 흐름은 어김이 없듯이, 선천에서 후천으로 바뀌는 천지운수 역시 필연의 천리입니다. 후천개벽기가 되면 선천의 상극운수가 정리되고 후천의 상생운수가 열리기에, 인간들도 마찬가지로 상극인간은 정리되고 상생인간만 살아남습니다.

급살병은 천지신장들이 인간의 마음을 살펴 영혼을 잡아가는 괴질병입니다. 천명을 받은 천지신장들이 공평·무사하게 상극의 마음을 심판하는 것이기에, 인간들로서는 어쩔 도리가 없습니다. 천지에서 인간에게 주어진 천재일우의 과도기간에, 마음을 닦으며 죄와 허물을 참회하고 상생(사랑)을 실천하는 상생인간이 되지 않으면, 누구도 예외 없이 급살병에 영원히 죽게 됩니다.

급살병은 천지에서 부는 손사풍巽巳風을 타고 천지신장들이 집행합니다. 손사풍은 일반적으로 봄철과 초여름에 동남방에서 부는 바람이나, 증산상제님께서는 계절에 관계없이 손사풍을 불려 급살병을 일으키십니다. 증산상제님께서는 금산사에 가셔서, 손사풍을 불려 급살병을 일으키는 천지공사를 보셨습니다.

  손사풍에 의해 발생하는 급살병이 처음 시작하는 곳이 군산 개복입니다. 군산 개복에서 처음 시작된 급살병은, 한반도를 49일 휩쓸고 나서 곧이어 전 세계를 3년 동안 쓸어버립니다. 급살병이 돌게 되면 그야말로 전 세계가 어육지경이 됩니다.

  이러한 초급성 급살병을 다스리기 위해 증산상제님께서는 구릿골에 만국의원 광제국을 차리시고, 진리의 적장자 단주에게 태을주로 급살병을 다스리도록 천명을 내리는 '단주수명丹朱受命 태을주太乙呪'의 천지공사를 보셨습니다. 이제 급살병이 돌면 순식간에 죽음이 퍼져, 전 인류가 가히 진멸지경에 빠지게 됩니다.

  오직 급살병에서 목숨을 부지하는 의통의 길은, 마음을 닦아 죄와 허물을 참회하고 태을주를 읽는 방법밖에 없습니다. 지금은 하루라도 빨리 증산상제님 신앙인들부터, 마음 닦기와 태을주 수련으로 상극인간에서 상생인간인 태을도인으로 다시 태어나야 할 때입니다. 죽기보다 힘든 것이 마음을 바꿔 후천인간 태을도인이 되는 재생신의 노력입니다. 천지신장들은 인간들의 마음만을 살피며 급살병을 집행할 천명을 기다리고 있습니다.

  마음을 닦으며 증산상제님과 고수부님의 뜻을 기다려 온 태을도인들은 이제 모두 나서야 할 때가 되었습니다. 마음을 모으고 정성을 모아 태을주 수꾸지 운수에 대비하여, 지역포정소를 중심으로 참회의 기도 소리와 태을주 읽는 소리가 천하 방방곡곡에 울려 퍼질 수 있도록 만반의 준비를 해야 합니다.

7. 급살병은 독기와 살기가 불러온 상극병

"이때는 신명시대라, 삼가 죄를 짓지 말라. 새 기운이 돌 때에 신명들이 불칼을 휘두르며 죄지은 것을 내어놓으라 할 때에는 정신을 놓으리라."

(『대순전경』 p.329)

후천개벽기에는 상극병相克病인 급살병急煞病이 대발합니다. 미움과 증오, 복수와 투쟁이 뿌린 살기와 척이, 급살急煞이 되어 전 세계를 휩쓸게 됩니다.

전선을 타고 전기가 순식간에 흐르듯이, 천지에 급살이 내리면 상극의 마음줄을 타고 급살병이 급속히 퍼져 나갑니다. 증산상제님께서는 군산 개복에서 급살병이 처음 시작하여 전 세계를 3년 동안 쓸어버린다고 말씀하셨습니다. 또 급살병이 돌 때에는 전 세계가 어육지경이 되어, 신 돌려신을 정신을 차리지 못한다고 말씀하셨습니다.

가을철에 서리가 내리면 잎사귀가 하룻밤 사이에 말라 죽듯이, 사람의 마음을 타고 급살병이 퍼지면 신장神將들이 순식간에 들이닥쳐 영혼을 잡아갑니다. 마음을 심판하는 급살병은 귀신이 영혼을 잡아가는 신병神病입니다. 급살병이 닥치면 인간들이 어떻게 손을 써 볼 도리가 없습니다. 어디보다 먼저 병원과 약국에 급살병이 들이닥쳐, 동서양 의술은 모두 무용지물이 되고 맙니다.

'상극의 마음을 상생으로 돌리고, 태을주를 읽는 것'이 의통醫統입니다. 인명은 재천이라고 하듯이, 영혼의 생명은 태을太乙에 달려 있습니다. 상극병인 급살병에는 상생약相生藥을 먹어야 합니다. 상생약은 상생의 마음을 갖고 태을주를 읽는 것입니다. 죽어가는 영혼을 살리는 유일한 약이 태을주太乙呪입니다. 서리가 내리면 가을 추위가 갑자기 닥치듯이, 급살병이 돌게 되면 본격적으로 태을주 읽는 소리가 천하 방방곡곡에 울려 퍼지게 됩니다.

상극병相克病인 급살병急煞病이 대발하는 이때에는, 반드시 상생약相生藥을 준비해야 목숨을 부지할 수 있습니다. 천지부모님께서는 상생약을 주시러 인간 세상에 오셨습니다. 상생약은 천지부모님을 닮은 상생심을 갖고 태을주를 읽는 것입니다.

미움과 증오의 마음을 버리고 복수와 투쟁의 마음을 없애서, 오직 사랑과 용서 그리고 포용과 화합을 생활화하는 상생인간 태을도인이 되어야 합니다. 하루빨리 인연 닿는 사람들에게 상생약인 천지부모님의 마음과 태을주를 전해야 하겠습니다.

8. 군산 개복에서 시작되는 급살병

어느 날 공사를 보시며 가라사대 "이후에 병겁이 침입할 때 군산 개복에서 시발하여 폭발처로부터 이레 동안 뱅뱅 돌다가 서북으로 펄쩍 튕기면 급하기 이를 바 없으리라. 이 나라를 49일 동안 싹 쓸고 외국으로 건너가서 전 세계를 3년 동안 쓸어버릴 것이니라."

(정영규, 『천지개벽경』 p.327)

인류의 역사에서 처음 보는 경천동지할 일이 벌어집니다. 인간의 독기와 살기가 불러온 북사도 전란과 남군산 병겁입니다. 한반도 남북에 병란병란이 동시에 들이닥칩니다. 인간의 독기와 살기가 묻어 있는 이성을 극대화시켜 쌓아 올린 기독교 현대문명의 빛과 그림자인 자유민주주의와 공산전체주의가 한반도 남북에 유입되어, 미중 패권과 남북체제 대결의 극한점에서 북사도 전란과 남군산 병겁으로 폭발합니다. 한반도가 지구의 핵이자 혈자리이기에 그렇습니다.

급살병이 군산 개복에서 처음 발병하여 7일 동안 주변을 뱅뱅 돌다가, 광주와 나주로 확대되고 인천으로 튕기면 전 세계로 확산됩니다. 한반도가 49일이요, 전 세계가 3년입니다. 천하가 도탄에 빠지면 도로써 구해내는 법입니다. 기독교 현대문명을 천상에서 주도한 이마두 신부가 유불선 서도의 신성·불·보살들을 이끌고 증산상제님께 하소연하여, 태을도로 천하 창생을 살리는 천지공사를 보셨습니다. 급살병에 태을도 방방곡곡, 태을도인 방방곡곡, 태을주 방방곡곡입니다.

9. 광주와 나주는 이미 패운

제자가 여쭙기를 "급살병이 닥치면 동토 전역어 어느 도가 가장 심하나이까." 대선생께서 이르시기를 "서북 지역이 가장 심하고 중동 지역이 그다음이고 호남 지역이 많이 사느니라." 제자가 다시 여쭙기를 "세상에 전하는 말에 광주와 나주 지역은 발이 있어도 밟지 말라고 하였나니 과연 그러하나이까." 대선생께서 말씀하시기를 "광주와 나주 지역은 이미 패운으로 들어섰느니라." 대선생께서 말씀하시기를 "서리 내리는 가을 하늘에 발생하는 괴질이 가히 두려우니라." 제자가 여쭙기를 "예로부터 '괴질이 서리를 만나면 그친다'고 하나이다." 대선생께서 이르시기를 "앞으로 닥칠 괴질병은 서리 내리는 가을철에 가히 두려우리라."

(이중성, 『천지개벽경』 pp.237-238)

환절기에 발생하는 병이 무섭습니다. 급살병은 하추교차기에 발생하는 추살 병겁입니다. 증산상제님께서는 "지금 세상은 가을 운수가 시작되었느니라. 가을바람이 한 번 일어나면 낙엽은 떨어지고 열매만 남나니, 지금 세상은 생사를 판단하는 때니라."고 일러 주시며, '광주 나주 지역은 이미 패운으로 들어섰다'고 밝혀 주시고, '앞으로 닥칠 괴질병은 서리 내리는 가을철이 가히 두렵다'고 말씀하셨습니다.

급살병이 돕니다. 마음을 심판하여 독기와 살기를 가진 상극인간을 대청소합니다. 군산 개복에서 시작합니다. 광주, 나주를 거쳐 한반도 전체로, 인천을 거쳐 전 세계로 퍼집니다. 초급성 괴질이기에, 신 돌려신을 정신을 차리지 못합니다.

'천필유지天必有志, 지필유응地必有應 인필유행人必有行'이라 했습니다. 천운 따라 지운이 열리고, 지운 따라 인간운이 펼쳐지는 것입니다. 땅이 패운으로 접어들면 온갖 소요와 혼란이 발생하고, 땅에 패운이 들어 썩으면 마침내 인간에게 대병이 발생합니다. 땅이 급살을 맞아 썩어 가는데 인간인들 온전할 리 없습니다. 증산상제님께서는 '가마가 끓고 인후가 타고 어복이 썩으면 후천이 온다'고 말씀하셨습니다. 급살병 기운이 지운을 따라 군산 개복을 거쳐 이미 광주, 나주까지 들어갔다는 증산상제님 말씀입니다.

상극인간을 죽이고 상생인간만을 살리는 급살병입니다. 독기와 살기를 풀어 없애야 상극인간에서 상생인간으로 바뀝니다. 마음속에 깃든 독기와 살기를 풀어 없애야 급살병에서 살아남습니다. 증산상제님께서는 '신명으로 하여금 사람에게 임감하여 마음에 먹줄을 잡혀 사정邪正을 감정하여 번갯불에 달린다'고 말씀하시며, '후천선경이 멀리 있는 것이 아니요, 마음 닦기가 급하다'고 일러 주셨습니다.

독기와 살기를 풀어 없앨 수 있는 유일한 의통醫統 법방이 태을주입니다. 급살병이 닥치면 태을주를 읽어 목숨을 구합니다. 증산상제님께서는 '급살병이 닥치면 천하 만방의 사람들이 태을주를 읽어 목숨을 구하느니라. 때가 되면 천하 만방의 방방곡곡에서 태을주 읽는 소리가 들리리라.'고 일러 주셨고, 고수부님께서는 '태을주는 개벽기에 천하 창생을 건지는 주문이니라. 이 뒤에 병겁을 당하면 태을주를 많이 읽어 천하 창생을 많이 살리라'고 말씀하셨습니다.

태을주는 급살병에서 살 수 있는 밥이자 젖이자 약입니다. 급살병은 선천에서 후천으로 넘기는 천지의 상씨름입니다. 남조선은 천지 상씨름판의 중심지입니다. 증산상제님께서는 남조선을 중심으로 상극과 상생을 겨룰 천지의 상씨름판을 열고, 천하 창생의 생사를 결정할 만국재판소를 설치하고, 천하 창생의 생명을 구해 낼 만국의원을 개설하셨습니다. 증산상제님께서는 '상씨름할 사람은 술 고기 많이 먹고 콩밭에서 잠을 자고 판을 넘어다보는 법'이라고 말씀하시며, '콩밭은 곧 태을주판'이라고 밝혀 주셨습니다.

급살병의 운수에 태을을 떠나면 살 수가 없습니다. 독기와 살기를 풀어 없애는 생경의 도가 태을도요, 독기와 살기를 풀어 없애는 생명의 주문이 태을주입니다. 증산상제님께서는 '태을을 떠나서 어찌 살기를 바랄 수 있겠느냐'고 반문하시며, '지금은 태을도인으로 포태되는 운수이니, 태을도를 받드는 태을도인이 되는 그날이 후천의 생일날'이라고 말씀하셨습니다.

10. 독기와 살기가 불러온 급살병

"이제 하늘도 뜯어고치고 땅도 뜯어고쳐 물샐틈없이 도수를 짜 놓았으니, 제 한도에 돌아 닿는 대로 새 기틀이 열리리라. 또 신명으로 하여금 사람의 뱃속에 나들게 하여 그 체질과 성격을 고쳐 쓰리니, 이는 비록 말뚝이라도 기운을 붙이면 쓰임이 되는 연고라. 오직 어리석고 가난하고 천하고 약한 것을 편히 하여, 마음과 입과 뜻으로부터 일어나는 모든 죄를 조심하고 남에게 척을 짓지 말라. 부하고 귀하고 지혜롭고 강권을 가진 자는 모든 척에 걸려서 콩나물 뽑히듯 하리니, 묵은 기운이 채워 있는 곳에 큰 운수를 감당키 어려운 까닭이라. 부자의 집 마루와 방과 곳庫집에는 살기와 재앙이 가득히 채워 있느니라."

(『대순전경』 pp.302-303)

죽음의 공포만큼 몸서리치게 하는 것은 없습니다. 육신을 받아 나온 사람은 누구나 죽음이 두렵고 무섭습니다. 죽음 너머에 대한 불안감 때문입니다. 육신이 없으면 영혼이 몸담아 역사하는 그릇이 없게 됩니다. 죽음의 문턱에 가 본 사람은 자기 존재에 대한 근본적인 질문을 던집니다. 나는 누구인가. 생명이란 무엇인가. 생은 무엇이고 사는 무엇인가. 평범한 삶을 사는 사람이 일견 행복한 것 같지만, 본질적인 측면에서 보면 불행한 사람입니다. 나에 대한 근본적인 성찰을 할 기회가 없기 때문입니다.

젊어서 고생은 사서도 한다는 말이 있습니다. 시련과 고통은 나를 성숙시키는 보약입니다. 어느 분야이든 자신의 후계자를 만들려면 혹독한 고생을 시킵니다. 하늘이 믿는 사람일수록 보통 사람이 감당할 수 없는 인내를 시험합니다. 한계 상황을 견디지 못하면 배신하기 때문입니다. 세상의 중심에 세울 사람에겐 혹독한 시험이 따릅니다. 인생살이에서 쉬운 문제만을 접하면 삶의 질이 고만고만합니다. 마음이 깊어지고 생각이 높아지고 영혼이 정화되려면, 남들이 겪어 보지 못한 생사의 고비를 수없이 겪어야 합니다.

인간의 독기와 살기가 불러온 대전란과 급살병이 눈앞에 다가왔습니다. 지구의 혈자리로 고여든 인류의 독기와 살기가 북사도 전란과 남군산 병겁으로 폭발합니다. 극한의 생사를 체험하지 않는 사람들의 눈과 귀는 보이는 것만 보고 들리는 것만 듣습니다. 평범한 사람들의 눈에는 일상생활의 반복이지만, 생사의 고비를 넘나든 사람에게는 일촉즉발의 화급한 상황입니다. 병란병란의 천하 동변으로 인류가 절멸하는 생사의 변곡점에 와 있습니다. 태을도를 만나 태을주를 읽는 태을도인이 되어야 합니다.

11. 가슴에 맺힌 원수의 대못을 빼내라

이날 대흥리 경석의 집에 이르사, 가라사대 "나의 이르는 곳을 천지에 알려야 하리라." 하시고 글을 써서 서쪽 벽에 붙이시니 문득 우뢰가 크게 일어나거늘, 상제님 "속하다." 하시고 그 글을 떼어 무릎 밑에 넣으시니 우뢰가 곧 그치는지라. 공우는 크게 놀래어 감복하고 마을 사람들은 뜻밖에 일어나는 백일 뇌성을 이상히 여기니라. 우뢰를 거두시고 경석에게 물어 가라사대 "이 집에서 지난 갑오년 겨울에 세 사람이 동맹한 일이 있었느냐." 대하여 가로대 "그러하였나이다." 가라사대 "그 일로 인하여 모해자의 밀고로 너희 부친이 해를 입었느냐." 경석이 울며 가로대 "그러하였나이다." 또 가라사대 "너희 형제들이 그 모해자에게 큰 원한을 품어 복수하기를 도모하느냐." 대하여 가로대 "자식의 도리에 어찌 복수할 마음을 갖지 아니하오리까." 가라사대 "너희들이 복수할 마음을 품고 있음을 너의 부친이 크게 걱정하여 이제 나에게 고하니, 너희들은 마음을 돌리라. 이제는 악을 선으로 갚아야 할 때라. 만일 악을 악으로 갚으면 되풀이 되풀이로 후천에 악의 씨를 뿌리는 것이 되나니, 너희들이 나를 따르려면 그 마음을 먼저 버려야 할지니 잘 생각하라." 경석이 이에 세 아우로 더불어 별실에 들어가서 서로 위로하여 그 원한을 풀기로 하고 그대로 아뢰니, 가라사대 "그러면 뜰 밑에 짚을 펴고 청수 한 동이를 길어 놓고 그 청수를 향하여 너의 부친을 대한 듯이 마음 돌렸음을 고백하라." 경석이 그대로 하여 사 형제가 설움에 복받쳐서 청수동이 앞에서 크게 우니, 상제님 일러 가라사대 "너의 부친이 너무 슬피 울음을 오히려 불쾌히 여기니, 그만 그치라." 하시니라. 그 뒤에 '千古春秋阿房

宮천고춘추아방궁 萬만日月銅雀臺만방일월동작대'를 써서 벽에 붙이사, 경석으로 하여금 복응服應케 하시니라.

(『대순전경』 cp.113-114)

상극세상을 살아온 으리에겐 각기 가슴에 깊이 맺힌 원수가 있습니다. 증산상제님께서는 제자들의 가슴속에 깊이 자리 잡은 원수를 지적해 주시며, 원수를 풀어 은인과 같이 사랑하라고 가르치셨습니다. 독기와 살기가 척을 짓고 살을 쌓아 만든 미움과 분노가 원수를 만들어냅니다. 내 가슴 깊숙이 원수가 자리 잡고 있는 이상, 상생인간으로 재생신될 수 없습니다. 독기와 살기를 풀어 없애 원수를 은인으로 돌리는 만큼, 상극의 사람에서 상생의 사람으로 바뀝니다. 지금은 상극의 금수세상을 마감하고 상생의 태을세상으로 넘어가는 후천개벽기입니다. 독기와 살기를 풀어 없애 원수를 은인과 같이 사랑해야 후천 상생의 태을세상을 맞이할 수 있습니다.

상생의 태을세상이 열리는 후천개벽기에는 독기와 살기로 살아온 상극인간을 대청소하는 급살병이 발발합니다. 내 가슴 속에 원수가 있는 사람은 미움과 분노가 내 발목을 잡아 급살병의 병목을 통과하지 못합니다. 마음을 심판하여 상생의 마음종자만을 추려 상생의 태을세상을 열기 때문입니다. 마음 바꾸기가 죽기보다 어렵습니다. 죽기보다 어려운 그 마음을 바꿔야 원수를 은인과 같이 사랑할 수 있습니다. 마음을 바꿔 가슴에 맺힌 원수의 괘못을 빼내야 증산상제님의 참된 제자가 될 수 있습니다. 증산상제님께서는, 태을도를 만나 원수를 풀어 은인과 같이 사랑하는 태을도인이 되어야, 태평천하한 태을세상을 열 수 있다고 말씀하셨습니다.

12. 어질 인仁자와 진리의 사랑

어느 날 경석에게 가라사대 "너희들은 임시방편으로 융화하는 척하지 마라. 방편으로 융화함은 무장하고 전쟁을 쉬는 것과 같으니라. 모두를 사랑으로써 동물의 성정을 뛰어넘지 못한다면 참된 진리의 사랑이 아니니라. 사랑이라 하는 것은 고된 것이니, 가족을 사랑함에도 그 많은 괴로움을 참아야 되고, 천하를 사랑함에 있어서도 그 많은 괴로움을 참은 연후에 선명히 신기로운 진리가 드러나느니라." 하시었다 하니라.

(정영규, 『천지개벽경』 p.280)

증산상제님께서는 '말은 마음의 소리요, 행사는 마음의 자취'라고 말씀하셨습니다. 말과 행동은 마음의 표출이자 마음의 표현입니다. 상극지리가 지배하는 상극세상에서는, 마음에 독기와 살기가 스며들어 말과 행동에 독기와 살기가 묻어나기 쉽습니다. 독기와 살기가 상극의 언행을 만들어, 척을 쌓고 살을 지어 궁극에는 급살병을 불러옵니다. 급살병은 인간의 마음이 만들어낸 결과요 인간의 언행이 초래한 과보이기에, 마음을 고치고 언행을 바꾸지 않으면 급살병에서 벗어날 수 없습니다.

후천개벽기에는 반드시 상생인간을 추리는 급살병이 발발합니다. 상극인간을 대청소해야 상생의 태을세상이 열립니다. 급살병은 마음심판 천심자선택 태을추수 입니다. 상극의 마음을 상생의 마음으로 바꾸지 않으면 영혼이 영원히 흩어집니다. 후천개벽기는 마음으로 영혼의 생사를 결정하는 유일한 시기로, 선천 오만 년을 윤회·환생해 온 마음을 심판받아 영생의 길로 가느냐, 영멸의 길로 가느냐가 결정됩니다. 천지부모님께서는 태을궁의 마음문만을 열어 놓고 마음만을 살펴보고 계십니다.

증산상제님께서는 어진 마음을 가지고 동물의 성정을 뛰어넘는 진리의 사랑을 하라고 신신당부하셨습니다. 어진 마음이 상생의 마음입니다. 어진 사람이라야 급살병에서 살아남습니다. 상극이 극성을 부리는 후천개벽기에는 자신도 모르게 부지불식간에 살인지기를 띠기 쉽습니다. 천지부모님을 모시고 천하사를 하는 사람은 활인지기를 띠어야 합니다. 온화하고 공근하고 부드럽고 겸손한 자세로 사랑과 용서를 실천하는 사람이 어진 사람이요, 활인지기의 사람입니다.

어질 인仁자를 갖고 있어야 진리의 사랑으로 상생세상을 여는 주인공이 됩니다. 증산신앙을 아무리 잘한다 자처하더라도, 독기와 살기를 버리지 않으면 어질 인자를 놓쳐, 천지부모님을 욕되게 하고 신앙 인생도 망치게 됩니다. 참회와 반성은 자기완성의 거울입니다. 비록 악의 구렁텅이에 빠졌어도 죄와 허물을 씻고 닦으면 깨끗해집니다. 부지런히 마음 닦고 태을주를 읽어 독기와 살기를 풀어 없애야 어진 마음이 나옵니다. 어진 마음으로 진리의 사랑에 앞장서는 사람이 태을도인입니다.

13. 마음이 관건이다

"천부지 인부지 신부지 하니
내 일은 되어 놓고 보아야 아느니라.
선천으로부터 지금까지는 금수대도술이요
지금으로부터 후천은 지심대도술이니라.
마음 닦는 공부이니 심통공부心通工夫 어서 하소
제가 저의 심통도 못하고서 무엇을 한다는가."

(『선도신정경』 pp.215-216)

세상만사는 마음이 관건입니다. 모든 일은 마음에 달려 있습니다. 성사재인하는 인존시대에 인간의 마음은 천지보다도 큰 것입니다. 인간의 마음이 막히면 천지도 열매 맺지 못합니다. 천지가 인간을 통해 열매 맺는 후천개벽기에, 인간의 마음을 살펴볼 수밖에 없습니다. 천지는 인간농사를 짓는 농부입니다. 인간의 마음이 성숙해져야 천지의 마음을 이해하고 받아들이게 됩니다. 인간의 마음이 열려야, 마음을 따라 천지부모님이 오고 가시고 천지신명이 역사합니다. 그 마음이 아니면 천지부모님이 오고 가신 줄도 모르고, 그 마음이 아니면 천지신명이 역사하는 줄도 모릅니다. 독기와 살기가 인간의 마음이 천지부모님과 이심전심되고 천지신명과 소통하는 것을 막았습니다.

마음의 길이 천리天理입니다. 하늘에 길이 없는 것 같지만 명확한 길이 있고, 땅에 금이 없는 것 같지만 정확한 금이 있습니다. 하늘에 길을 내고 땅에 금을 그어 신명과 인간의 마음에 새겨 놓은 것이 천지도수입니다. 모든 길은 마음으로 통합니다. 천리에는 신명이 붙어 있습니다. 천리의 지극함이 신명입니다. 증산상제님께서는 신앙은 성리와 더불어 해야 미신에 빠지지 않는다고 말씀하셨습니다. 귀신도 경문에 막히면 움직이지 못합니다. 신명은 천리를 벗어날 수 없습니다. 증산상제님이 천리를 이화하여 천지도수를 확정하는 천지공사를 보셨고, 고수부님은 천지도수를 감리하는 신정공사를 보셨고, 단주는 천지부모님의 천명을 받들어 천지도수를 현실 속에서 성사재인합니다.

　인존시대는 천지와 신명이 인간을 통해 수렴됩니다. 모든 길은 태을로 통합니다. 상생의 후천시대에 마음으로 태을을 용사하는 도술정치가 펼쳐집니다. 도술 중의 최고의 도술이 태을도술입니다. 태을은 진리와 생명의 근본자리이기에, 태을도술은 천지의 근원을 좌우하는 중차대한 도비道祕의 극치입니다. 태을도술 태을조화 정치는 인간이 마음먹은 대로 펼치는 지심대도술입니다. 인간의 마음이 잘못되면 천지인 삼계가 멸망하기에, 태을도술 태을조화 정치를 앞두고, 인간의 마음을 심판하는 급살병이 발발합니다. 인간의 마음에 천지의 운명이 달렸고 신명의 존망이 좌우됩니다. 천지인 삼계를 태을도로써 주재하시는 천지부모님은 오직 인간의 마음을 볼 수밖에 없습니다.

14. 상생의 새 인간으로 재생신되라

매양 천지공사를 행하실 때 모든 종도들에게 "마음을 잘 닦아 앞에 오는 좋은 세상을 맞으라." 하시므로, 종도들이 하루바삐 그 세상이 이르기를 바라더니, 하루는 신원일이 청하여 가로대 "선생이 천지를 개벽하여 새 세상을 건설한다 하신 지가 이미 오래이며, 공사를 행하시기도 여러 번이로되, 시대의 현상은 조금도 변함이 없으니 제자의 의혹이 자심하나이다. 선생이시여, 하루바삐 이 세상을 뒤집어서 선경을 건설하사 남의 조소를 받지 않게 하시고, 애타게 기다리던 우리에게 영화를 주옵소서." 하거늘, 상제님 일러 가라사대 "인사는 기회가 있고 천리는 도수가 있나니, 그 기회를 지으며 도수를 짜내는 것이 공사의 규범이라. 이제 그 규범을 버리고 억지로 일을 꾸미면 이는 천하에 재앙을 끼침이요, 억조의 생명을 빼앗음이라. 차마 할 일이 아니니라."

원일이 굳이 청하여 가로대 "지금 천하가 혼란무도하여 선악을 가리기 어려우니, 마땅히 속히 진멸하고 새 운수를 열음이 옳으니이다." 상제님 괴로히 여기사, 칠월에 원일과 두어 종도를 데리고 변산 개암사에 가사 손가락으로 물을 찍어서 부안 석교로 향하여 뿌리시니, 문득 그쪽으로 구름이 모여들며 큰 비가 쏟아지고 개암사 부근은 청명하더라. 상제님 원일을 명하사 속히 집에 갔다 오라 하시니, 원일이 명을 받고 집에 돌아간즉, 그 아우의 집이 비에 무너져서 그 권속이 자기의 집에 모여 있거늘, 원일이 슬픔을 이기지 못하여 곧 돌아와서 상제님께 그 사유를 아뢰니,

상제님 일러 가라사대 "개벽이란 것은 이렇게 쉬운 것이라. 천하를 물로 덮어 모든 것을 멸망케 하고 우리만 살아있으면 무슨 복이 되리오. 대저 제생의세는 성인의 도요, 재민혁세는 웅패의 술이라. 이제 천하가 웅패에게 괴롭힌 지 오랜지라, 내가 상생의 도로써 만민을 교화하며 세상을 평안케 하려 하노니, 새 세상을 보기가 어려운 것이 아니오, 마음을 고치기가 어려운 것이라. 이제부터 마음을 잘 고치라. 대인을 공부하는 자는 항상 남 살리기를 생각하여야 하나니, 어찌 억조를 멸망케 하고 홀로 잘되기를 도모함이 옳으리오." 하시니,

원일이 이로부터 두려워하여 무례한 말로 상제님께 괴롭게 한 일을 뉘우치고, 원일의 아우는 그 형이 상제님께 추종하면서 집을 돌보지 아니함을 미워하여 항상 상제님을 욕하더니, 형으로부터 이 이야기를 듣고는 상제님께 욕한 죄로 집이 무너짐이나 아닌가 하여 이로부터 마음을 고치니라.

(『대순전경』 pp.45-47)

증산상제님의 가르침을 따라 상생세상을 여는 주인공이 되기 위해서는 마음속의 독기와 살기를 풀어 없애야 합니다. 독기와 살기는 생명을 다치게 하고 상하지 합니다. 나와 남을 살리는 길은 독기와 살기를 풀어 없애는 것입니다. 증산상제님께서는 '마음을 잘 닦아 좋은 세상을 맞으라'고 일러 주시며 '새 세상을 보기가 어려운 것이 아니오, 마음을 고치기가 어려운 것이라. 이제부터 마음을 잘 고치라. 대인을 공부하는 자는 항상 남 살리기를 생각하여야 하나니, 어찌 억조를 멸망케 하고 홀로 잘되기를 도모함이 옳으리오.'라고 말씀하셨습니다.

상생세상에 상생인간입니다. 상극이냐 상생이냐는 마음이 관건입니다. 마음심판의 급살병을 극복하고 상극세상에서 상생세상으로 넘어가기 위해서는 살인지기를 버리고 활인지기를 가져야 합니다. 증산상제님께서는 "남아가 반드시 활인지기를 띨 것이요, 살기를 띰이 불가하니라."고 말씀하셨습니다.

상생은 복수와 응징의 길이 아니라 사랑과 용서의 길입니다. 증산상제님께서는 태을도를 통해 천하 창생들에게 나도 살고 남도 살리는 상생의 새 길을 내주셨습니다. 지금은 마음을 바꾸어 상생의 새 인간으로 재생신되어야 하는 후천개벽기입니다. 상생인간은 독기와 살기를 풀어 없앤 사람다운 사람입니다. 독기와 살기를 풀어 없애지 못하면, 서로를 죽이고 상하게 하는 동물의 성정을 버리지 못해, 증산상제님을 닮은 사람다운 사람이 될 수 없습니다. 증산상제님께서는 "나를 좇는 자는 항상 마음속으로 호생지덕을 가져야 하느니라."고 말씀하셨습니다.

내 마음이 열린 만큼 증산상제님의 마음이 보이고, 내 기운이 트인 만큼 증산상제님의 기운이 느껴집니다. 증산상제님의 말씀 속에는 상생의 마음이 담겨 있고 상생의 기운이 깃들어 있습니다. 태을도의 마음길이요, 태을도의 상생길입니다. 증산상제님이 밝혀 주신 태을도의 마음길을 따라 후천 상생인간인 태을도인으로 재생신되려면, 마음 닦고 태을주를 읽어 독기와 살기를 풀어 없애, 증산상제님의 말씀 속에 담긴 상생의 마음을 닮고 상생의 기운을 받아들여야 합니다.

15. 인간개조와 인존시대

증산상제님께서 말씀하시기를 "나의 도 문하에 혈심자 한 사람만 있으면 내 일은 이루어지느니라." 증산상제님께서 이르시기를 "세상 사람들이 나의 도 문하에 '태을도인들이 나왔다'고 말들을 하면, 태평천하한 세상이 되리라." 이어서 말씀하시기를 "지금은 태을도인으로 포태되는 운수이니 아동지세이니라. 그러므로 치성을 모실 때에는 관복을 벗고 헌 바지 하라. 때가 되어 관을 쓰고 치성을 모시면 천하태평한 세상이 되리라. 나의 도 문하에 태을도를 받드는 태을도인이 되는 그날이, 그 사람의 후천인생에서 한 살이 되느니라."

(이중성, 『천지개벽경』 p.195)

지금은 상생의 태을시대를 앞두고, 상극인간에서 상생인간 태을도인으로 재생신되는 후천개벽기입니다. 독기와 살기로 살아온 상극인생을 청산하고 생기와 화기로 살아갈 상생인생을 준비해야 합니다. 환경이 바뀌면 생각도 바뀌어야 합니다. 상극운수가 지배하는 상극환경에서는 상극인생을 살아갈 수 있었지만, 상생운수가 지배하는 상생환경에서는 상생인생을 살아가야만 합니다.

상극과 상생이 교차하는 후천개벽기에는 반드시 상극인간을 대청소하는 급살병이 발발합니다. 독기와 살기로 행세해 온 상극인간은 예외 없이 정리됩니다. 천지가 상생인간을 골라 상생세상을 엽니다. 그것이 천리요, 이치요, 법도입니다. 천리를 벗어나면 생명이 존재할 수 없고, 이치에 어긋나면 삶을 영위할 수 없고, 법도에 맞지 않으면 운수를 받을 수 없습니다.

독기와 살기가 급살병을 불러옵니다. 척을 짓고 살을 만들어 진멸지경으로 치닫습니다. 천지부모이신 증산상제님과 고수부님께서는 진멸지경에 박도한 천하 창생을 살리기 위해 인간 세상에 오시어, 상극인간을 상생인간으로 재생신시키는 인간개조 인간사업을 하셨습니다. 부지런히 마음 닦고 태을주를 읽어, 독기와 살기를 풀어 없애 상극체질을 상생체질로 바꿔야 급살병에 목숨을 부지합니다.

후천개벽기는 재생신의 시기요, 재탄생의 시간입니다. 인간은 일원一元을 주기로 하여 태을에서 화생되어 나와, 자신의 태을을 결실하여 태을로 돌아가는 원시반본의 과정을 쉼 없이 되풀이합니다. 천주이신 상제님이 태을을 주재하여 삼계를 다스리십니다. 태을시대가 열리는 후천개벽기에는 원시반본의 도인 태을도를 만나 태을도인으로 재생신되어야 급살병에서 살아남습니다.

인간은 본래 태을도를 닦아 시천주 봉태을 하는 태을도인이었습니다. 독기와 살기가 그 길을 막았습니다. 마음심판 천심자선택 태을추수의 급살병입니다. 증산상제님께서는 상극운수를 상생운수로 돌려놓으시고, 상극인간을 상생인간 태을도인으로 재생신시키는 인간개조 인간사업으로 인존시대를 여는 천지공사를 보셨습니다. 인간이 태을신성을 밝혀 인존신이 되는 시대가 태을시대입니다.

2장
먹다 죽고 자다 죽고

　무슨 일이든 철이 들어야 방향을 제대로 잡아 성공합니다. 이상과 무형의 세계를 향한 궁극과 절대의 잣대를 추구하는 종교의 세계에서는 신앙인으로서 철이 들기가 참으로 어렵습니다. 일정한 잣대를 가지고 검증하기도 어렵고, 판단하기가 쉽지 않기 때문입니다. 종교는 영혼의 도화지에 그림을 그리는 것과 같기에, 한 번 영혼의 도화지에 잘못 새겨진 그림의 자취는 쉽사리 지워지지 않습니다. 종교는 생사를 벗어난 초월성, 이성을 넘어선 신비성, 마약과 같은 중독성이 있기에, 특정 종교의 특정 종단에 한 번 발을 잘못 들여놓으면 정신을 차려 빠져나오기가 쉽지 않습니다.

　신앙생활에서 신앙인이 철이 들어간다는 것은 정신이 깨이고 행실이 바로잡혀진다는 것을 말합니다. 신앙인이 하루아침에 철이 들어 제대로 된 신앙을 찾아 올바른 신앙인의 길을 갈 수는 없기에, 교리공부와 신앙체험이 반드시 필요합니다. 여러 경로를 거쳐 다양한 교리공부와 신앙체험은 신앙인의 이성과 영성을 일깨우고 각성시켜 철이 들게 합니다. 직접적이든 간접적이든 중심 잡힌 교리공부를 많이 하면 할수록, 중심 잡힌 신앙체험이 깊으면 깊을수록, 사리판단을 할 수 있는 안목이 생기고 취사선택할 수 있는 능력이 배양됩니다.

　증산종단의 역사가 100여 년이 되었습니다. 증산상제님께서 1909년 천지공사를 마치고 어천하신 이후에 1911년 고수부님께서 증산상제님이 공사 보신 9인 제자를 데리고 증산종단을 창설하신 이후, 100여 년이 흘러 왔습니다. 참으로 다양한 신앙 교리와 신앙체험이 있었습니다. 지금 생각해 보면 말도 안 되는 교리도 있었고 신앙형태도 있었지만, 그때 당시의 민도로 봤을 때는 일견 이해되는 면도 없지 않습니다. 하느님이 강증산이라는 인간의 모습으로 오셨다는 사실 자체가 엄청난 충격이었습니다. 더군다나 일월을 움직이고 풍운조화를 부리며 천지공사를 보신 것에 경이로움을 느꼈고, 개벽과 도통이라는 환상적인 메시지가 큰 욕심을 부추겼습니다.

세월이 가면 증명한다고 했습니다. 세월만큼 위대한 스승은 없습니다. 100여 년의 세월 속에 증산종단과 증산신앙인의 진실과 거짓이 증명되고 밝혀지고 있습니다. 증산신앙인들이 지난 시절의 다양한 교리와 신행을 살펴보면서, 증산상제님과 고수부님이 행하신 말씀과 행적의 진정한 뜻을 차분히 살펴볼 수 있는 마음의 눈이 열리고 마음의 귀가 트이기 시작했습니다. 교육敎育은 백년지대계百年之大計라고 했습니다. 증산신앙인들이 철이 들고 성숙해지기까지는 100년의 세월이 필요했습니다. 무비판적인 맹종자에서 비판적인 관찰자가 되기 시작했습니다. 대두목을 좇아 맹신한다는 것이 얼마나 어리석고 허망한지 절감했습니다. 시한부 개벽관과 도통술이 얼마나 유치하고 허무한지 깨달았습니다. 무조건 따라 하고 옹호하며 박수쳤던 위선적인 교리와 행실이 천지부모님의 말씀과 얼마나 동떨어진 것인지 눈치챘습니다.

마음과 생각이 깨어나면 속도가 붙게 됩니다. 증산상제님은 재세시나

지금이나 우리에게 당신이 말씀하신 진리의 참모습을 보라고 말씀하고 계십니다. 내 마음이 열리는 만큼, 내 생각이 깨쳐지는 만큼, 증산상제님의 말씀을 알아듣고 이해하는 안목이 열리는 것입니다. 고수부님께서는 9인 제자들과 증산종단을 결성하면서 증산상제님이 가리킨 진리의 달을 보라고 자세히 심법교육을 시켰지만, 그때에도 온전히 깨달아 제대로 알아듣지를 못했습니다. 이제 증산종단 100년의 역사 속에서 증산신앙인들이 다양한 경험과 체험을 통해 철이 들 때도 되었으니, 증산상제님의 손가락만 보지 말고 손가락이 가리킨 달을 봐야 합니다. 증산상제님이 공사 보시고, 고수부님이 감리하시고, 단주가 성사재인하는 진리의 달 태을도가 환하게 떠오르고 있습니다.

1. 이 불쌍한 중생들을 어찌할거나

갑술1934년 구월 십구일 대순절 치성에는 고후비님께서 무한히 한탄하시어 가라사대 "이 자손들을 어찌하면 좋단 말이냐. 죽으려거든 저희들이나 죽을 것이지, 애매하고 불쌍한 우리 창생들을 어찌하면 좋단 말이냐." 하시며 도인들에게 동쪽으로 향해서 앉으라 하시더니, 가라사대 "지금부터 너희들은 해마주를 읽으라." 하시어 해마주를 읽고 있으니 고후비님께서 큰소리로 "살려 내자! 살려 내자!" 하시며 공사를 계속 보시더라 하니라.

(『선도신정경』 pp.218-219)

마음을 심판하는 급살병이 다가오고 있습니다. 하늘도 울고 땅도 울고 천지신명도 울고 있습니다. 장차 급살병이 돌아 울부짖을 인간들의 처참한 모습에, 천지가 숨죽여 울고 있습니다. 생명이 죽어가는 소리에 천지신명이 통곡하고 있습니다.

천지의 진액인 인간의 생명이 죽어가고 있습니다. 사람의 생명이 살아야, 천지도 제대로 살고 신명도 온전히 삽니다. 인간들이 마음을 바꾸고 태을주를 읽어야 목숨을 부지할 수 있을 텐데, 하루빨리 마음 바꿔 태을주 읽을 생각은 하지 않고, 그저 권력과 재물 욕심에만 눈이 벌개, 자기의 이해타산에만 빠져 있습니다.

모르는 게 약이고, 아는 게 병이라고 했습니다. '다정도 병인 양 하여 잠 못 들어 하노라' 하는 시조도 있지만, 차라리 모르면 속이라도 편하건만,

알면 밤잠을 설치는 법입니다. 증산상제님께서는 세상 사람들이 조금도 깨닫지 못하고 마음 단속을 잘못하여, 급살병으로 죽어 넘어가는 상황을 참으로 애통해하셨습니다.

증산신앙인들도 예외가 아닙니다. 개벽과 도통의 헛된 욕심에 이끌려, 마음은 뒷전으로 하고 온갖 상극의 언행을 구사하며, 증산상제님을 욕되게 하고 있습니다. 고수부님께서는 가식과 위선을 밥 먹듯이 하는 개벽신앙인들과 도통신앙인들의 잘못을 엄중하게 꾸짖으셨습니다.

오직 마음 닦고 태을주를 읽어야 합니다. 상극의 마음이 남김없이 정리되고, 상생의 마음만이 살아남는 급살병입니다. 증산상제님께서는 우리에게 마음 닦고 태을주를 읽으라고 신신당부하셨습니다.

2. 인류 전멸 괴질운수

대선생께서 말씀하시기를 "때가 오면, 천하에 큰 병이 발생하여 인간 세상이 가히 전멸하리라. 너희들은 마음을 닦고 태을주를 읽어 생명을 살려 통일해야 하느니라." 제자가 여쭙기를 "세상에 전해 오는 말에 '백 명의 조상 중에 한 명의 후손이 산다'는 말이 있고, '전쟁도 아니고 굶주림도 아닌데, 길에 시체가 쌓여 있다'는 말도 있고, '병으로 만 명이 죽으면, 굶주림으로 천 명이 죽고, 전쟁으로 백 명이 죽는다'는 말도 있는데, 그 말들이 이를 두고 하는 것이나이까." 대선생께서 이르시기를 "선천에 악업이 쌓여 그 절정에 이르러서는, 천하의 병을 양산하야 마침내 괴질이 되느니라. 봄여름에는 병이 없다가, 봄여름의 마지막에 이르러 가을로 절기가 바뀔 때에 병세가 발작하나니, 바야흐로 천지의 대운이 큰 가을의 운수에 접어들었느니라. 천지의 일 원—元이 가을 운수를 당하야, 선천의 마지막에 가을 운수가 이르러 큰 병이 대발하고, 선천의 여러 악이 천하의 큰 난리를 만들어내나니, 큰 난리 끝에 큰 병이 대발하야 전 세계에 퍼지면, 피할 방도가 없으며 치료할 약도 없으리라."

(이중성, 『천지개벽경』 pp.230-231)

지금은 천지 운수가 여름철에서 가을철로 접어들고 있습니다. 천지 운수가 여름철에서 가을철로 넘어갈 때는 대격변이 벌어집니다. 한여름의 뜨거운 불기운을 끄기 위한 숙살기운이 내려옵니다. 상극세상에서 불타 올랐던 독기와 살기가 숙살기운을 맞아 대전란과 대병겁이 됩니다.

전 인류의 독기와 살기가 지구의 혈자리인 한탄도로 몰려들어 북사도 전란과 남군산 병겁으로 폭발합니다. 천지의 가을 운수는 병란병란이 함께 오는 전란 운수요, 괴질 운수입니다. 전란 운수는 미중패권과 남북대결의 극한점에서 북사드 전란으로 향합니다. 괴질 운수는 코로나로 시작해서 천연두로 발전하여 급살병으로 질주합니다.

북사도에서 전란이 발생하면 동시에 남군산에서 병겁이 시작됩니다. 인간종자를 추리는 인류의 최후심판은 마음을 심판하는 급살병입니다. 증산상제님은 없어졌던 천연두가 대발하면 급살병이 시작된다고 했습니다. 천하가 도탄에 빠지면 도로써 구해내는 법입니다.

증산상제님은 천지공사를 통해 인류 구원의 도를 내놓았습니다. 그 도가 태을도요, 그 도인이 태을도인이요, 그 약이 태을주입니다. 독기와 살기의 상극인간을 대청소하는 급살병이기에, 태을도를 만나 부지런히 마음 닦고 태을주를 읽어 독기와 살기를 풀어 없애, 원수를 은인같이 사랑하는 태을도인이 되어야 합니다.

3. 천연두는 급살병의 전령사

> 하루는 가라사대 "앞으로 시두(천연두)가 없다가 때가 되면 대발할 참이니, 만일 시두가 대발하거든 병겁이 나릴 줄 알아라."
>
> (『동곡비서』 p.29)

　유사 이래 인류의 생명을 위협했던 가장 큰 요인이 전쟁과 질병이었습니다. 전쟁과 질병을 일으키는 근본을 살펴보면 인간의 독기와 살기가 만들어낸 것입니다. 선천 상극세상에서는 상극지리가 지배하기 때문에 독기와 살기가 발생하지 않을 수가 없습니다. 인간의 마음속에 깊이 뿌리내린 독기와 살기가 서로 척을 짓고 살을 쌓아 결국 전쟁과 질병으로 발전하는 것입니다. 동물의 성정으로 살아온 탐음진치의 결과가 전쟁과 질병입니다.

　선천 상극세상을 마감하고 후천 상생세상이 열리는 후천개벽기에는, 독기와 살기로 살아온 상극인간을 급살병으로 대청소합니다. 상극의 금수세상을 마감하고 상생의 태을세상을 열기 위한 마지막 관문이, 지구의 혈자리인 한반도 남북에서 동시에 발생하는 북사도 전란과 남군산 병겁입니다. 북사도 전란은 전쟁 중의 전쟁이요, 남군산 병겁은 질병 중의 질병입니다. 북사도 전란과 동시에 전라도 군산에서 터지는 급살병은 인류 최후의 심판입니다.

　모든 세상일에는 반드시 조짐과 징조가 있습니다. 증산상제님께서는, 없어졌던 천연두가 다시 대발하면 군산에서 급살병이 발생한다고 말씀하셨습니다. 천연두는 급살병의 전령사입니다. 천연두가 1993년 이후 지구상에서 완전히 사라졌다고 했습니다. 천연두 백신의 효력이 30년이라고 합니다. 현재 천연두에 면역을 가진 사람은 일부 군인 외에는 없습니다. 원숭이두창의 전 세계적 확산을 계기로, 인간 천연두 대발의 공포가 엄습하고 있습니다.

동란이 있으면 정란이 있고, 병이 있으면 약이 있습니다. 천하가 도탄에 빠지면 도로써 구해 냅니다. 그 도가 태을도요, 그 도인이 태을도인이요, 그 법방이 태을주요, 그 나라가 대시국입니다. 증산상제님이 천지공사로 확정하셨습니다. 칠흑 같은 어둠 속에서는 횃불 든 사람을 따라가야 살 수 있습니다. 태을도를 만나 부지런히 마음 닦고 부지런히 태을주를 읽어 독기와 살기를 풀어 없애, 원수를 풀어 은인같이 사랑하는 태을도인이 되어야 합니다.

4. 평양 불바다 북사도 전란

이 공사를 마치시고 형렬에게 일러 가라사대 "허미수가 중수한 성천 강선루의 1만 2천 고물은 녹줄이 붙어 있고 금강산 1만 2천 봉은 겁살이 끼어있나니, 이제 그 겁살을 벗겨야 하리니, 너는 광찬과 도삼을 데리고 돌아가서 조석으로 청수 한 동이씩을 길어서 스물네 그릇에 나누어 놓고, 밤에는 칠성경 스물한 번씩 읽으며, 백지를 한 방촌씩 오려 한 사람이 하루에 모실 시(侍)자 사백 자씩 열흘 동안을 써서 네 벽에 돌려 부치고 나를 기다리라." 하시니, 형렬이 광찬과 도삼을 데리고 구릿골로 돌아와서 명하신 대로 행하니라.

(『대순전경』 pp.205-206)

지금은 인간의 독기와 살기가 극에 달한 상극 말기입니다. 전 세계 인류의 독기와 살기가 지구의 혈자리인 한반도에 유입되어 평양이 불바다가 되는 북사도 전란이 임박했습니다. 러시아의 우크라이나 침략과 중국의 대만 위협을 틈타, 북한 김정은의 계속되는 북핵과 미사일 도발로 주한미군 철수와 대한민국 적화를 꾀하고 있지만, 결국 자충수에 걸려 평양이 불바다가 됩니다. 평양이 불바다가 되는 북사도 전란은, 한반도에서 북중러와 한미일이 대적하는 전면전으로 확대되어 대한민국의 존립을 위협하기에, 남군산 급살병으로 막아 내게 됩니다.

기독교 현대문명의 빛과 그림자가 자유민주주의와 공산전체주의입니다. 이마두 신부가 천상에서 주도한 기독교 현대문명은 부작용으로 공산주의라는 어두운 그림자를 만들어냈습니다. 증산상제님께서는 금강산 겁살이 공산주의로 해원되게 천지공사를 보셨습니다. 금강산 1만 2천 봉에 끼어 있는 겁살이 1만 2천 레닌 볼셰비키에 응기되어, 러시아를 공산화하고 중국을 공산화한데 이어 북조선을 공산화하고 최종적으로 대한민국을 공산화하려 마지막 몸부림을 치고 있습니다. 천하가 도탄에 빠지면 도로써 구해 냅니다. 그 도가 태을도입니다.

5. 급살병 의통 인간사업

"이때는 해원시대라. 몇 천 년 동안 깊이깊이 갇혀 있어 남자의 완롱거리와 사역거리에 지나지 못하던 여자의 원을 풀어 정음정양正陰正陽으로 건곤乾坤을 짓게 하려니와, 이 뒤로는 예법을 다시 꾸며 여자의 말을 듣지 않고는 함부로 남자의 권리를 행하지 못하리라. 예전에는 억음존양이라 되면서도 항언에 음양이라 하여 양보다 음을 먼저 이르니, 어찌 기이한 일이 아니리오. 이 뒤에는 음양 그대로 사실을 바로 꾸미리라."

(『대순전경』 p.344)

고수부님께서는 증산상제님이 인간사업을 하러 오셨다 가셨다고 말씀하셨습니다. 증산상제님께서는 천지 운수를 상극 운수에서 상생 운수로 돌려놓으시고, 천하 창생들이 상생 운수를 잘 받아 누릴 수 있도록, 상극인간에서 상생인간으로 재생신시키는 인간사업을 하고 돌아가셨습니다. 선천 상극시대는 상극지리의 금수대도술이 지배하는 억음존양 난음난양의 세상이었습니다. 후천 상생시대는 상생지리 지심대도술이 지배하는 정음정양 일음일양의 세상입니다.

선천 상극의 금수시대에는 양이 음을 억압하여, 남자가 여자를 사역과 완롱거리로 삼고 남자 위주로 남녀의 관계가 문란했습니다. 그러나 후천 상생의 태을세상은 양과 음이 조화되어, 남자가 여자를 우대하고 존경하여 여자 위주로 남녀의 관계가 깨끗합니다. 선천 상극의 금수세상에서는 독기와 살기 때문에 탐음진치를 극복하지 못해 정음정양의 음양관을 갖기가 어려웠습니다. 후천 상생의 태을세상에서는 생기와 화기로 인해 탐음진치가 없어져 일음일양 정음정양의 음양관을 갖게 됩니다. 상극인간과 상생인간의 근원적이고 본질적인 차이는 음양관이기에, 인간사업에 있어서 가장 중요한 것이 음양관 정립 문제입니다.

  증산상제님이 중점을 두신 인간사업의 두 번째는 일반적인 대인관계입니다. 남녀관계도 대인관계지만, 남녀관계는 생존본능적인 특수관계입니다. 남녀가 부부로 가정을 잘 이루어야, 부모도 있고 자식도 있고 사회와 국가도 있는 것입니다. 인간은 부모로부터 태어나 가정생활을 비롯한 사회생활을 하면서, 본격적으로 대인관계가 시작됩니다. 선천에서는 상극지리가 지배하기 때문에 그 영향으로 독기와 살기가 발생하여, 마음에 독기와 살기가 스며들어 말과 행실에서 독기와 살기가 묻어 나오게 됩니다.

  독기와 살기가 척을 짓고 살을 쌓아 인간관계가 어그러지고, 그 정도가 심하면 서로가 원수가 되어, 미워하고 증오하고 질투하고 복수까지 하게 됩니다. 증산상제님께서 '말은 마음의 소리요, 행사는 마음의 자취'라고 말씀하셨습니다. 우리 마음속 깊이 독기와 살기가 자리 잡고 있으면, 부지불식간에 말과 행동에 독기와 살기가 묻어져 나오게 되어 있습니다. 상극시대 상극인간의 삶이 상생시대 상생인간의 삶으로 바뀌려면, 자신의 마음속에 깊이 자리 잡은 독기와 살기를 풀어 없애, 원수를 은인같이 사랑해야 합니다. 인간사업 대인관의 핵심은 원수를 은인같이 사랑하는 것입니다.

상생 운수에 맞추지 못한 사람은 급살병이 돌면 추풍낙엽처럼 떨어져 죽습니다. 지금은 상극의 금수시대가 끝나고 상생의 태을시대가 열리는 후천개벽기입니다. 후천개벽기에는 진리와 생명의 본질과 실체가 드러나고 인간의 참모습과 진면목이 밝혀지게 됩니다. 태을은 진리와 생명의 원천이요, 뿌리입니다. 인간은 태을에서 천주의 성품을 가지고 화생되어 나와, 태을도를 닦아 태을로 돌아가는 시천주 봉태을 하는 태을인간 태을도인이었습니다. 독기와 살기가 그 길을 막았습니다.

후천개벽기에는 마음을 심판하는 급살병으로 독기와 살기의 상극인간을 대청소하여 상생인간만을 추수하여 상생의 태을세상을 엽니다. 선천 상극의 금수세상을 살아온 상극인간의 독기와 살기가 불러온 급살병입니다. 급살병은 독기와 살기가 만들어낸 탐음진치로 정음정양을 실천하지 못한 업보요, 원수를 은인같이 사랑하지 못한 결과입니다. 선천 상극의 금수세상을 마감하고 후천 상생의 태을세상을 열기 위해서는, 정음정양의 실천과 원수를 은인같이 사랑하는 상생인간 태을도인으로 재생신시키는 인간사업이 절대적으로 필요합니다. 그것이 바로 증산상제님이 하신, 급살병으로 죽게 될 전 인류를 구원하는 의통 인간사업입니다.

6. 급살병에 태을주냐 십자가냐

> 약장은 아래에 큰 칸을 두고 그 위에 빼닫이 세 칸이 가로 있고 또 그 위에 내려 셋 가로 다섯 합하여 열다섯十五 빼닫이 칸이 있는데, 한가운데 칸에 「丹朱受命단주수명」이라 쓰시고 그 속에 목단피를 넣고 또 「烈風雷雨不迷열풍뇌우불미」라 쓰시고 또 「太乙呪태을주」를 쓰셨으며, 그 윗칸에는 천화분 아랫칸에는 금은화를 각각 넣고, 양지를 오려서 칠성경七星經을 외줄르 내려쓰신 뒤에 그 끝에 「禹步相催登陽明우보상최등양명」이라 가로 써서 약장 위로부터 뒤로 넘겨서 내려 붙였으며, 궤 안에는 「八門遁甲팔문둔갑」이라 쓰시고 그 글자를 눌러서 「舌門설문」 두 자를 불지짐하신 뒤에 그 주위에 스물넉 점을 붉은 물로 돌려 찍으시니라
>
> (『대순전경』 pp.239-240)

유사 이래 하나님 나라를 간절히 외쳤던 두 사람이 있습니다. 서양의 예수와 동양의 단주입니다. 예수는 여호와를 하나님으로 생각하고 하나님 나라를 건설하려 했고, 단주는 옥황상제를 하나님으로 생각하고 하나님 나라를 건설하려 했습니다. 예수는 빌라도에 의해 처형되었고, 단주는 요순에 의해 죽임을 당했습니다.

이태리 출신 예수회 신부였던 마테오 리치(이마두)는 서양의 여호와 하나님과 동양의 옥황상제 하나님을 하나로 연결하여 지상천국을 꿈꿨습니다. 서양의 천주와 동양의 상제는 똑같은 분이라는 것을 주장하는 천주실의를 저술하여 전도를 했습니다. 조선 땅에도 천주실의가 들어와, 남인 계열의 실학자들을 중심으로 퍼져 나갔습니다.

강증산은 동서양의 하나님을 통합하는 진정한 하나님으로 이 땅에 오셨습니다. 여호와는 유대의 민족신이고 중국의 민족신은 반고인데, 강증산은 옥황상제를 진정한 하나님의 호칭으로 삼으셨습니다. 증산상제님은 유교에서 말하는 상제요, 불교에서 말하는 미륵불이요, 선도에서 말하는 옥황이요, 서도에서 말하는 천주이십니다.

오늘날 기독교 현대문명은, 이마두가 천상에서 인간들이 천국의 모형을 본뜨도록 알음귀를 열어주어, 하나님 나라인 지상천국을 건설하려 한 것입니다. 그러나 독기와 살기가 묻은 인간의 이성을 극대화하여 쌓아 올린 기독교 현대문명은, 신도神道를 무시하고 인간의 교만심과 폭력성을 길러 전 인류를 진멸지경으로 몰아넣었습니다.

증산상제님은 유불선 서도의 신성 불 보살들을 대동한 이마두 신부의 간절한 하소연을 듣고 인간 세상에 오시어, 기독교 현대문명이 불러온 인류 멸망의 대재앙에서 구해 내기 위한 천지공사를 보셨습니다. 기독교의 종장을 예수에서 이마두로 교체하고, 단주를 내세워 하나님 진리를 선포하고 하나님 나라를 건설하게 하셨습니다.

증산상제님이 선포한 하나님 진리가 태을도요, 하나님 나라가 대시국입니다. 태을은 진리와 생명의 뿌리이자 원천이기에, 도의 원형은 태을도입니다. 유불선 서도가 태을도에서 나와 후천개벽기에 태을도로 수렴됩니다. 단주가 이마두 신부의 보필을 받아 태을도를 펴서, 동서양을 하나로 세계일가 하나님나라 대시국을 건설합니다.

그런데 하나님나라 지상천국 대시국이 완성되려면, 이에 앞서 상극인간을 대청소하는 급살병이 반드시 발발합니다. 기독교 현대문명은 인간의 독기와 살기로 대전란과 함께 급살병을 불러왔습니다. 급살병이 발발하면 예수의 십자가로는 구원하지 못합니다. 오직 단주의 태을주라야 구원할 수 있습니다. 하나님이신 증산상제님의 의통천명입니다.

7. 떼죽음의 소식이 밀려온다

"이 뒤에 괴병이 돌 때에는 자다가도 죽고, 먹다가도 죽고, 왕래하다가도 죽어, 묶어 낼 자가 없어 쇠스랑으로 찍어 내되, 신 돌려신을 정신을 차리지 못하리라."

(『대순전경』 p.314)

떼죽음의 소식이 밀려옵니다. 급살병입니다. 일찍이 듣지도 보지도 못한 초급성 괴질입니다. 증산상제님께서는 '괴병이 돌 때는 자다가도 죽고, 먹다가도 죽고, 왕래하다가도 죽는다'고 일러 주시며, '시체 썩는 냄새가 천지를 진동하여 차마 코를 들지 못한다'고 말씀하셨습니다.

시간도 마디가 있고, 공간도 순서가 있습니다. 천하 창생들의 마음에 시간의 마디와 공간의 순서를 붙여 기회를 만들며 인연을 짜내는 것입니다. 증산상제님께서는 100년 후의 일을 100년 전에 천지공사로 확정지으셨습니다. 급살병은 군산 개복에서 시작하여 전국을 49일, 전 세계를 3년 동안 진탕합니다.

상극세상의 지식과 의술은 아무런 쓸모가 없습니다. 최첨단을 자랑하는 기술과 의술이 무용지물이 됩니다. 급살병이 병원과 약국부터 침입하여 선천의 의료시스템을 완전히 무력화시킵니다. 상극세상의 지식과 기득권에 너무 매몰되면 급살병을 도저히 이해할 수 없습니다.

천지부모님의 마음이 되어 상극의 밑바닥을 보지 않고는 급살병의 절절함을 느끼지 못합니다. 이성과 영성과 감성이 절대적으로 숨죽이는 순간, 급살병의 소식을 이해할 수 있습니다. 이전투구하는 상극의 이끗에서 벗어나야 영혼의 숨구멍이 숨을 쉴 수 있습니다. 증산상제님께서는 진멸지경에 박드한 천하 창생의 안타까운 모습을 바라보며 참으로 비통하고 애통해하셨습니다.

증산상제님께서는 "순전한 마음으로 의통醫統을 알아 두라."고 말씀하셨습니다. 마음을 심판하여 영혼을 정리하는 급살병입니다. 독기와 살기의 상극인간을 대청소합니다. 태을도를 만나 마음 닦고 태을주를 읽어 독기와 살기를 풀어 없애지 않으면 죽을 수밖에 없습니다. 살길을 알려줘야 합니다. 기회는 줘야 합니다. 참회와 반성의 물꼬를 열어주어야 합니다. 죽을 때 한을 남기지 않도록 해야 합니다. 태을도의 성명길이 열렸고, 태을주의 생명주문이 나왔습니다. 태을도 의통길이요, 태을주 의통주문입니다.

태을도와 태을주를 알리는 데 100년의 세월이 걸렸습니다. 태을도를 포교해 온 증산종단이요, 태을도를 닦아 온 증산신앙인입니다. 증산종단이 태을도로 수렴되고, 증산신앙인이 태을도인으로 결실됩니다. 100년 동안 이어져 온 증산종단과 증산신앙인들의 일심혈성이 모여 태을도 의통성업의 남조선배가 출범합니다. 성경신을 다해 남조선 뱃노래 태을주 수꾸지를 돌려야 합니다. '훔치 훔치 태을 천상 원군 훔리 치야 도래 훔리 함리 사바 하'

8. 급살병 백신과 급살병 약

증산상제님께서 말씀하시기를 "태을주太乙呪이니라. 병이 다가오면 천하 사람들이 모두 이 주문을 읽어 생명을 구하느니라. 때가 되면 천하 방방곡곡에서 태을주 읽는 소리가 들리리라."

(이중성, 『천지개벽경』 p.189)

급살병 소식입니다. 마음을 심판하여 영혼을 정리하는 급살병이 닥칩니다. 독기와 살기의 상극인간을 대청소하는 급살병입니다. 군산 개복에서 발생하여 한반도를 49일, 전 세계를 3년 동안 진탕합니다. 세계가 어육지경이 됩니다. 증산상제님께서는 '이후에 병겁이 침입할 때 군산 개복에서 시발하여 폭발처로부터 이레 동안 뱅뱅 돌다가 서북으로 펄쩍 튕기면 급하기 이를 바 없으리라. 이 나라를 49일 동안 싹 쓸고 외국으로 건너가서 전 세계를 3년 동안 쓸어버릴 것이니라' 하고 알려주시며, '이 뒤에 병겁이 인천에서 시발하면 세계가 어육지경이 되리라' 말씀하셨습니다.

기존 의술로는 속수무책입니다. 환자를 치료하는 병원과 약국부터 침입합니다. 증산상제님께서는 '이름 모를 괴이한 병이 이렇듯 급박하게 인간 세상을 휩쓰니, 이것이 이른바 병겁'이라고 말씀하시고, '병겁이 들어설 때에는 어디보다 약방과 병의원을 찾아 들어서 병자가 찾을 바를 얻지 못하리니, 이제 전 인류가 가히 진멸지경에 빠지리라'고 경계하시며, '이렇듯 위급지경을 당하여 무엇으로 살아나기를 바라리요. 비열한 듯하지만 오직 의통일 뿐이니, 너희들은 의통을 알아 두라' 일러 주셨습니다.

후천세상을 열어갈 상생의 마음종자를 추리는 급살병입니다. 선천을 마감하고 후천을 여는 급살병이기에, 선천 의술로는 의통 법방이 있을 수 없습니다. 마음속에 깃든 독기와 살기를 풀어 없애 영혼을 살려내는 약이 선천에는 없습니다. 그래도 하늘에서 인류를 전멸시키는 법은 없다고 했습니다. 태을주를 읽어야 삽니다. 태을주 의통입니다. 태을주로 급살병을 치료하여 통일합니다.

태을주는 급살병을 예방하고 치료하는 백신입니다. 급살병에 대비하는 유일무이한 약이 태을주입니다. 태을은 생명의 한울이요, 생명의 뿌리입니다. 태을주를 읽어 독기와 살기를 풀어 없애 마음속에 받아 나온 태을 생명력을 회복하고, 태을궁과 태을맥을 이어야 목숨을 부지할 수 있습니다. 태을주는 마음속의 태을을 밝혀 태을 생명력을 회복하는 갱생의 주문이요, 태을궁으로부터 태을 생명을 받아 내리는 생명의 주문입니다. 증산상제님께서는 '천지만물이 한울을 떠나면 명이 떠나는 것이니, 태을을 떠나서 어찌 살기를 바랄 수 있으리요. 태을주는 곧 약이니, 이 약을 먹지 않고는 살지 못하리라' 말씀하셨습니다.

세계 인류가 처한 상황이 마치 말기암 환자와 같습니다. 목숨이 경각에 달려 있습니다. 말기암 환자는 언제 명줄이 끊어질지 모르는 시한부 인생을 살고 있습니다. 생사를 헤매는 절박한 순간일수록 한 줄기 절박한 희망을 품게 됩니다. 명의를 만나 기적적으로 생명이 회복되는 것입니다. 사람은 영물입니다. 우리의 무의식은 이미 급살병이 닥친다는 천지의 소식을 알고 있습니다. 상극지리로 살아온 상극체질이 무의식을 알아채지 못하고 있습니다. 독기와 살기에 오염된 상극체질이 생명의 죽어감을 깨닫지 못하고 있습니다. 내가 나를 모르고 살아가는 것이 우리의 현실입니다. 내가 내 마음을 모르는 한심한 사람들입니다. 무의식은 급살병이 닥친다고 절규하고 있는데, 의식은 이끗싸움에만 몰두하고 있습니다.

우리의 무의식은 급살병을 치료하는 천하의 명의를 애타게 찾고 있습니다. 선영신들은 자손들의 무의식을 붙들고 통곡하고 있습니다. 증산상제님은 급살병을 치료하는 천하의 명의이십니다. 증산상제님께서는 태을주로 광제창생하는 만국의원을 차리는 천지공사를 보셨습니다. 태을주를 전해 급살병을 치료하는 태을도의 생명길이 열렸습니다. 태을주 백신이 급살병 약입니다. 증산상제님께서 100년 후의 급살병에 대비하여 100년 전에 이미 준비하셨습니다. 태을도를 만나 마음 닦고 태을주를 읽어 독기와 살기를 풀어 없애, 태을 생명력을 회복하는 태을도인이 되어야 합니다. 증산상제님께서는 '지금은 태을도인으로 포태되는 아동의 운수이니, 태을도를 받드는 태을도인이 되는 그날이 그 사람에게 후천의 생일날이 된다'고 말씀하셨습니다.

9. 천명과 의통

증산상제님께서 가라사대 "이름 모를 괴이한 병이 이렇듯 급박하게 인간 세상을 휩쓰니, 이것이 이른바 병겁이라. 병겁이 들어설 때에는 어디보다 먼저 약방과 병의원을 찾아들어서 병자가 찾을 바를 얻지 못하리니, 이제 즌 인류가 가히 진멸지경에 빠지리라. 이렇듯 위급지경을 당하여 무엇으로 살아나기를 바라리요. 비열한 듯하지만 오직 의통醫統일 뿐이니, 너희들은 의통을 알아 두라."

(정경규, 『천지가벽경』 p.328)

그때 그 운수를 받아 그 일을 하는 사람이 있습니다. 지금은 상극의 금수세상이 끝나고 상생의 태을세상이 열리는 후천개벽기입니다. 후천개벽기에는 상생의 태을세상을 열어갈 마음종자를 추립니다. 마음심판 급살병입니다.

천지부모님께서는 요임금의 아들인 단주에게 이심전심의 천명을 내리시어, 천하 창생들에게 태을도를 전해 부지런히 마음 닦고 태을주를 읽혀, 독기와 살기를 풀어 없애 원수를 은인같이 사랑하는 상생인간 태을도인으로 재생신시켜, 마음심판 급살병을 극복하고 세계일가 통일정권인 대시국을 건설하여, 상생의 태을세상을 열어가도록 하셨습니다.

급살병에서 살려서 통일하는 것이 의통입니다. 천지부모님으로부터 천명이 내려야 인간 세상에 신인합일로 의통이 집행됩니다. 천지부모 모사재천, 단주 성사재인입니다.

10. 훔치 훔치, 태을세상이 열린다

"천지만물이 한울을 떠나면 명이 떠나는 것이니, 태을太乙을 떠나서 어찌 살기를 바랄 수 있으리요. 태을주太乙呪는 곧 약이니, 이 약을 먹지 않고는 살지 못하리라."

(정영규, 『천지개벽경』 p.147)

태을세상이 열립니다. 훔치훔치 태을주는 태을세상을 여는 주문입니다. 태을은 선천 오만 년 동안 인간의 독기와 살기에 가려 실체를 드러내지 않았던 도비道祕 중의 도비입니다. 삼계의 주재자이신 증산상제님께서 인간 세상에 오시어 태을도를 닦아 최초의 태을도인이 되셨습니다. 태을화권을 가지시고 태을도를 받드는 태을도인을 출세시켜 태을주로 태을세상을 여는 천지공사를 보셨습니다.

태을은 생명과 진리의 뿌리입니다. 인간은 태을에서 화생되어 분열·발달하며 신계와 인계를 윤회·환생하다가, 후천개벽기가 되면 마음속에 받아 나온 태을을 밝혀 태을로 원시반본합니다. 태을도는 도의 원형으로서 원시반본의 도입니다. 태을도인은 사람의 참모습으로서 원시반본의 사람입니다. 지금은 천지인신이 태을로 원시반본하는 후천개벽기입니다. 훔치 훔치, 태을일통 태을세상이 열립니다.

운수에 맞추지 못하면 추풍낙엽이 됩니다. 운수는 좋건마는 목 넘기기가 어렵습니다. 상생운수 따라 태을로 원시반본하는 후천개벽기에는 반드시 대전란과 더불어 급살병이 발발합니다. 인간의 독기와 살기가 불러온 대전란이요, 급살병입니다. 상생의 태을세상을 열기 위한 마지막 관문이 급살병이기에, 천지가 인간의 마음을 심판하여 천심자를 골라 태을을 추수합니다.

한반도가 지구의 핵이기에, 상생의 인간종자를 추리는 급살병이 발발합니다. 인간들이 태을도를 통해 태을도인으로 재생신되어야 급살병에서 목숨을 부지합니다. 급살병에서의 죽음은 영혼이 흩어지는 영원한 죽음입니다. 증산상제님께서는 "지금은 태을도인으로 포태되는 아동의 운수이니, 태을도를 받드는 태을도인이 되는 그날이 그 사람의 후천인생에서 한 살이 되느니라.'고 말씀하셨습니다.

11. 단주수명 도술약국, 천하창생 생사판단

'聖父聖子聖神 元亨利貞 奉天地道術藥局 在全州銅谷 生死判斷성부성자
성신 원형이정 봉천지도술약국 재전주동곡 생사판단'

(『현무경』)

급살병이 눈앞에 닥쳤습니다. 인간의 독기와 살기가 불러온 급살병입니다. 마음을 심판하여 상생인간만을 추수하는 급살병입니다. 선천 오만년 만에 처음 있는 인류 최후의 심판입니다. 선천 상극의 금수시대를 마감하고 후천 상생의 태을시대를 열기 위해서는 어쩔 수 없는 일입니다. 마음에 먹줄을 잡혀 독기와 살기의 상극인간을 대청소하여 영혼을 영원히 흩어 버립니다. 인류 전멸의 급살병에서 살려면 영원불멸한 생명줄인 태을을 붙잡아야 합니다.

인간의 독기와 살기가 마음속에 받아 나온 태을의 발현을 막았고 태을맥을 끊었습니다. 마음 닦고 태을주를 읽어 독기와 살기를 풀어 없애야, 마음속에 받아 나온 태을이 발현되고 태을맥이 이어집니다. 하늘이 모두 죽이는 법은 없다고 했습니다. 병이 있으면 약이 있습니다. 증산상제님께서는 천하 창생의 생사를 판단하는 도술약국을 차리시어, 단주로 하여금 태을주를 가지고 급살병으로 죽어가는 전 인류를 구원하여 통일하는 천지공사를 보셨습니다.

12. 강증산 손사풍 일본왕 천연두

최창조의 집에서 종도 수십 인을 둘려 앉히시고 각기 글 석 자씩을 부르라 하시니, 천자문의 처음부터 부르기 시작하여 덕겸이 일日자까지 부르니, 가라사대 "덕겸은 일본왕日本王도 좋아 보이는가 보다." 하시며 "남을 따라 부르지 말고 각기 제 생각대로 브르라" 하시니라. 그다음 날 밤에 담배대 진을 쑤셔 내시며 덕겸으로 하여금 "한 번 잡아 놓치지 말고 뽑아내어 문밖으로 내어 버리라" 하시거늘 명하신 대로 하니, 온 마을 개가 일시에 짖는지라. 덕겸이 여쯔어 가로대 "어찌 이렇듯 개가 짖나이까." 가라사대 "대신명大神明이 오는 까닭이니라." 가로대 "무슨 신명이니까." 가라사대 "시두손님이니, 천자국이라야 이 신명이 들어오느니라." 하시니라.

(『대순전경』 pp.262-263)

천연두가 대발하면 곧이어 급살병이 시작됩니다. 일본은 조선의 손사방巽巳方입니다. 일본에서 손사풍이 불어옵니다. 인간의 독기와 살기가 인류 전멸의 대재앙을 불러옵니다. 기독교 현대문명의 빛과 그림자인 자유민주주의와 공산전체주의가 지구의 혈자리인 한반도에 유입되어, 미중패권과 남북대결의 극한점에서 북사도 전란과 남군산 병겁으로 폭발합니다. 천하가 도탄에 빠지면 도로써 구해 내고, 천하가 혼란에 휩싸이면 나라가 나옵니다. 그 도가 태을도요, 그 나라가 대시국입니다. 태을도 인들이 의통천명을 받고 전 인류를 태을주로 급살병에서 살려내, 세계일가 통일정권인 태을도 대시국으로 통일합니다.

13. 성웅겸비 출상입상의 의통성업

증산상제님께서 말씀하시기를 "마음은 요임금과 순임금의 자질을 갖도록 닦고, 일은 진시황과 한무제의 웅략을 취하라." 제자가 이르기를 "돌아오는 세상의 다스림은 성聖과 웅雄을 겸비해야 가능합니까?" 말씀하시기를 "개벽의 운수는 크게 혁신하고 크게 건설하는 것이니, 성웅聖雄을 함께 갖지 않으면 어찌 가능하겠느냐. 건설한 후에라야 성인이라 하나니, 영웅이 아니면 가짜 성인이요, 성인이 아니면 가짜 영웅이니라."

(이중성, 『천지개벽경』 p.135)

성웅을 겸비해야 의통성업의 천하사를 제대로 할 수 있습니다. 선천 오만 년 동안 상극지리로 막히고 고인 상극세상입니다. 막힌 것을 뚫고 고인 것을 퍼내는 일이기에, 성만 가지고도 안 되고 웅만 가지고도 안 됩니다. 독기와 살기를 풀어 없애 생기와 화기로 바꾸는 일이기에, 성인이면서도 영웅이고 영웅이면서도 성인이어야 합니다. 증산상제님께서는 '이제는 판이 넓어서 성과 웅을 합하여야 하느니라' 일러 주시며, "개벽의 운수는 크게 혁신하고 크게 건설하는 것이니, 성웅을 함께 갖지 않으면 어찌 가능하겠느냐. 건설한 후에라야 성인이라 하나니, 영웅이 아니면 가짜 성인이요, 성인이 아니면 가짜 영웅이니라." 말씀하셨습니다.

의통은 독기와 살기의 마음을 치료하여 천하를 통일하는 일입니다. 위로하여 다독여 풀어낼 줄도 알아야 하고, 호통쳐 반성시켜 고쳐 낼 줄도 알아야 합니다. 한없이 참고 인내할 줄도 알면서도, 경우에 따라서는 단번에 맺고 끊는 것이 분명해야 합니다. 강한 가운데 부드러워야 하고, 부드러운 가운데 강해야 합니다. 증산상제님께서는 '덕으로만 처사하기는 어려우니 성과 웅을 합하여야 하느니라' 말씀하셨고, 고수부님께서는 '천하대업을 이루자면 덕德과 유柔만으로써 감당할 수 없음이니, 오직 웅雄과 강强을 겸비해야 하리라'고 훈계하셨습니다.

위엄 속에 은혜가 나와야 감복하고, 은혜 속에 위엄이 나와야 경건해집니다. 의통성업에 뜻을 둔 일꾼은 강유를 겸비해야 하고 은혜와 위엄이 함께해야 합니다. 성인의 바탕과 영웅의 도략이 잘 어우러져야 제때에 제 역할을 제대로 할 수 있습니다. 증산상제님께서는 '마음은 성인의 바탕으로 닦고 일은 영웅의 도략을 취하라'고 일러 주시며, '모든 일을 알기만 하고 변통을 못하면 모르는 것만 같지 못하나니, 될 일을 못되게 하고 못될 일을 되게 하여야 하느니라'고 말씀하셨습니다.

마음을 닦는 것은 마음을 잘 쓰기 위함입니다 마음을 잘 닦아야 마음을 잘 쓸 수 있습니다. 마음이 음양조화로 잘 움직여야 온전한 마음씀이 되듯이, 성심과 웅심이 잘 조화되어 행세되어야 성사재인의 매듭을 잘 지을 수 있습니다. 고수부님께서는 '우리 공부는 용用공부이니, 바탕은 성인의 바탕으로 닦고 수단은 영웅의 수단을 쓰라'고 일러 주시며, '되는 일 못 되게 할 수 있고, 안 되는 일 되도록 할 수단 가져 보소'라고 말씀하셨습니다.

문무겸전으로 성웅겸비하고 출장입상해야 합니다. 문文을 닦아 천명을 전하는 성인이 되어야 하고, 무武를 닦아 천명을 집행하는 영웅이 되어야 합니다. 문文은 인仁의 길이요, 무武는 의義의 길입니다. 후천 상생 세상을 건설하는 태을도의 생명길이 열렸습니다. 태을도太乙道는 문무지도文武之道요, 인의지도仁義之道입니다. 전쟁터에 나가서는 장수의 역할을 잘해야 하고, 조정에 들어와서는 재상 역할을 잘해야 합니다. 증산상제님의 천지공사로 성웅겸비의 군사위가 한 갈래로 되는 후천 상생시대가 개막되었습니다.

의통성업은 상극에서 상생으로 크게 혁신하고 크게 건설하는 일입니다. 천지부모님께서는 태을도 도제천하, 태을도 의통천하의 길을 열어주셨습니다. 성웅겸비 출장입상의 의통성업입니다. 의통천명을 받드는 태을도인들은 마음 닦고 태을주를 읽어 독기와 살기를 풀어 없애 마음속의 시천 태을을 밝혀 성인의 심법과 영웅의 도략을 가져야, 생사의 순간을 넘나들며 급살병으로 죽어가는 천하창생을 건져낼 수 있습니다.

14. 급살병에 태을을 떠나면 죽는다

> 증산상제님께서 말씀하시기를 "천지만물이 한울을 떠나면 명이 떠나는 것이니, 태을太乙을 떠나서 어찌 살기를 바랄 수 있으리요. 태을주太乙呪는 곧 약이니, 이 약을 먹지 않고는 살지 못하리라."
>
> (정영규, 『천지가 벽경』 p.147)

지금은 상극의 금수시대가 마감되고 상생의 태을시대가 열리는 후천개벽기입니다. 후천개벽 시대는 태을에서 화생되어 나온 천하 창생들이 태을도를 만나 태을도인으로 재생신되어 태을로 돌아가는 원시반본의 시대입니다. 태을도는 원시반본의 도요, 태을주는 원시반본의 주문이요, 태을도인은 원시반본의 사람입니다. 태을도를 만나 태을도인으로 재생신되는 그날이 후천의 생일날입니다. 상생의 태을시대를 앞두고 마음을 심판하여 천심자를 골라 태을을 추수하는 급살병이 발발합니다. 상생의 태을세상을 열어갈 마음종자를 추리기 위함입니다.

인간은 본래 태을도를 닦아 시천주 봉태을 하는 태을도인이었으나, 독기와 살기가 그 길을 막았습니다. 독기와 살기가 시천의 품성을 타락시켰고, 태을의 신성과 생명력을 잃게 했습니다. 지금은 천하 창생들이 태을도인으로 재생신되는 재탄생의 시기입니다. 천지부모님과 군주수명으로 이심전심되는 태을도의 마음줄을 꼭 잡고, 부지런히 마음 닦고 태을주를 읽어 독기와 살기를 풀어 없애, 마음속에 받아 나온 시천과 태을을 밝혀 천심을 회복하고 태을을 밝혀야, 급살병에서 살 수 있습니다. 급살병에 마음이 관건이요, 시천이 중심이요, 태을이 핵심입니다.

15. 어느 날 갑자기 군산에서 평양으로

어느 날 공사를 보시며 가라사대 "이후에 병겁이 침입할 때 군산 개복에서 시발하여 폭발처로부터 이레 동안 뱅뱅 돌다가, 서북으로 펄쩍 튕기면 급하기 이를 바 없으리라. 이 나라를 49일 동안 싹 쓸고, 외국으로 건너가서 전 세계를 3년 동안 쓸어버릴 것이니라."

(정영규, 『천지개벽경』 p.327)

상극의 금수세상이 종언을 고하고 상생의 태을세상이 시작되는 곳이 한반도입니다. 상극의 금수세상이 상생의 태을세상으로 대전환되는 후천개벽기에는, 인간의 독기와 살기가 전란과 병겁을 불러옵니다. 지구의 혈자리인 한반도는 인류 최후의 전란터요, 인류 최후의 병겁터입니다. 평양발 전란이요, 군산발 병겁입니다.

군산에서 시작되는 병겁인 급살병은 7일 만에 서북쪽인 평양으로 발전합니다. 천하가 도탄에 빠지면 도로써 구하고, 천하가 재앙에 처하면 나라가 출범합니다. 그 도가 태을도요, 그 나라가 대시국입니다. 급살병이 터지면 대시국 의통군이 나갑니다. 1998년에 태을도가 공식기두하고, 2016년에 대시국이 출범하여, 대시국 의통군 60만을 조직하고 있습니다.

2부
대시국 의통군

증산 천지공사, 단주 성사재인

① 통일한국 세계일가통일정권

이달에 고부 와룡리에 이르사, 종도들에게 일러 가라사대 "이제 혼란한 세상을 바루려면 황극신을 옮겨와야 하리니, 황극신은 청국 광서제에게 응기되어 있느니라." 하시고, 또 가라사대 "황극신이 이 땅으로 옮겨오게 될 인연은 송우암이 만동묘를 세움으로부터 시작되었느니라." 하시며, 종도들을 명하사 밤마다 시천주侍天呪를 읽게 하시되 친히 곡조를 먹이사, 며칠을 지난 뒤에 가라사대 "이 소리가 운상하는 소리와 같도다." 하시고 또 가라사대 "운상하는 소리를 '어로御路 어로御路'라 하나니 '어로'는 곧 임금의 길이라. 이제 황극신의 길을 틔웠노라." 하시고 문득 "상씨름이 넘어간다!"고 외치시더니, 이때에 청국 광서제가 죽으니라. 인하여 세계일가世界一家통일정권統一政權의 공사를 행하실 새, 제자들을 엎드리게 하시고 일러 가라사대 "이제 만국제왕의 기운을 걷어 버리노라." 하시더니, 문득 구름과 같은 이상한 기운이 제왕의 장엄한 모양을 이루어 허공에 벌려 있다가 이윽고 사라지니라.

(『대순전경』 pp.255-256)

② 태조 강증산

기유1909년 유월 스무사흗날 오전에, 여러 제자들에게 일러 가라사대 "이제 때가 바쁜지라. 너희들 중에 임술생壬戌生으로서, 누이나 딸이 있거든 수부首婦로 내세우라." 하시니, 형렬이 대하여 가로대 "수부는 저의 딸로 들여세우겠나이다." 가라사대 "세수시키고 빨은(깨끗한) 옷을 가라 입혀서 데려오라." 하시니 형렬이 명하신 대로 하여 그 딸을 약방으로 더려오거늘, 상제님 제자들로 하여금 약장을 방 한가운데로 옮겨놓게 하신 뒤에, 형렬의 딸을 명하사 약장 주위를 세 번 돌게 하신 뒤에 그 옆에 서게 하시고, 경석을 명하사 '大時太祖대시태조 出世출세 帝王제왕 將相장상 方伯방백 守令수령 蒼生點考창생점고 后妃所후비소'라는 글을 쓰게 하시니 경석이 받아씀에 后妃所후비소를 后妣所후비소라 썼거늘, 가라사대 "잘못 썼다." 하사 불사르시고 다시 쓰게 하사 약장에 붙이게 하신 뒤에, 가라사대 "이것이 예식이니, 너희들이 증인이 되라." 하시고, 형렬의 딸을 돌려보내신 다음에 경석으로 하여금 그 글을 거두어 불사르시니라.

(『대순전경』 pp.412-413)

③ 통할 단주

대선생께서 이르시기를 "만고의 원한 중에서 단주가 가장 크니, 요 임금의 아들 단주가 불초하다는 말이 반만 년에 걸쳐 전해 내려오지 않더냐. 단주가 불초하였다면 조정의 신하가 일러 '단주가 깨침이 많고 천성이 밝다'고 천거했겠느냐. 야만과 오랑캐를 없애겠다는 것이 남과 더불어 다투고 시비 걸기를 좋아하는 것이라더냐. 이는 대동세계를 만들고자 한 것을 두고 다투고 시비하는 것이라 욕하였느니라." 제자가 여쭙기를 "우가 요임금의 맏아들이 불초하다고 비판하였나니, 그 이유로써 '밤낮을 가리지 않고 여기저기 돌아다니고, 물과 뭍을 막론하고 배를 몰고 다니고, 집집마다 들어가 술 마시기를 좋아하고, 요임금이 만들어 놓은 세상을 멸망시킬 것이라' 하였나이다." 대선생께서 말씀하시기를 "밤낮을 가리지 않고 여기저기 돌아다녔다는 것은 부지런하게 돌아다니며 백성의 고통을 살폈다는 것이요, 물과 뭍을 가리지 않고 배를 몰고 다녔다는 것은 대동세계를 이루고자 분주하였다는 말이요, 집집마다 들어가 술을 마셨다는 것은 가가호호 백성과 더불어 즐거움을 함께하였다는 것이요, 요임금의 세상을 멸망시킬 것이라 하는 것은 다스리는 도가 요임금과 다름을 이름이니라. 당요의 세상에 단주가 천하를 맡았다면 요복과 황복이라는 지역 차별이 없었을 것이고, 야만과 오랑캐라는 이름도 없었을 것이고, 만 리가 지척과 같이 가까와졌을 것이며, 천하가 한 가족이 되었으리니, 요임금과 순임금의 도는 좁고 막힌 것이었느니라. 단주의 원한이 너무 커서, 순임금이 창오의 들판에서 갑자기 죽고 두 왕비가 상강의 물에 빠져 죽었느니라." 대선생께서 이르시기를 "천하에 크고 작게 쌓여 내려온 원한이 큰 화를 양산하여 인간 세상이 장차 멸망할 지경에 이르렀나니, 그런 고로 단주의 원한을 풀어주어야, 만고에 걸쳐 쌓여 내려온 모든 원한이 자연히 풀리게 되느니라. 후천 선경세상에는 단주가 세상의 운수를 맡아 다스려 나갈 것이니라."

(이중성, 『천지개벽경』 pp.101-103)

건방설도 의통성업

① 건방설도 광구창생

하루는 제자가 증산상제님을 모시고 있더니, 증산상제님께서 말씀하시기를 "내가 하늘도 뜯어고치고 땅도 뜯어고쳐 후천을 열고, 천지의 운로를 바로잡아 만물을 새롭게 하고, 나라를 세우고 도를 펴서, 억조창생의 세상을 널리 구하려 하노라. 이제 천지도수를 물샐틈없이 짜 놓았으니, 도수 돌아 닿는 대로 새로운 기틀이 열리리라. 너희들은 지성으로 나를 잘 믿고 천지공정에 참여하여, 천하의 정세를 잘 살피고 돌아가는 기틀을 도와 일을 도모하라." 증산상제님께서 이르시기를 "이윤이 오십 살에 사십구 년 동안의 그름을 깨닫고 탕임금을 도와 마침내 대업을 이루었나니, 나는 이제 그 도수를 썼노라. 구 년 동안 행한 천지개벽공사를 이제 천지에 질정하리니, 너희들은 이것을 통해 믿음을 더욱 돈독히 하고 두텁게 하라. 천지는 말이 없으니, 천동과 지진으로 대신 말을 하노라." 대선생께서 '布敎五十年終筆포교오십년종필'이라 칙령을 써서 불사르시니, 즉시에 천동과 지진이 크게 일어나니라.

(이중성, 『천지개벽경』 pp.638-639)

② 도즉 태을도

증산상제님께서 말씀하시기를 "나의 도문하에 혈심자 한 사람만 있으면 내 일은 이루어지느니라." 증산상제님께서 이르시기를 "세상 사람들이 나의 도문하에 '태을도인들이 나왔다'고 말들을 하면, 태평천하한 세상이 되리라." 이어서 말씀하시기를 "지금은 태을도인으로 포태되는 운수이니 아동지세이니라. 그러므로 치성을 모실 때에는 관복을 벗고 헌배하라. 때가 되어 관을 쓰고 치성을 모시면 천하태평한 세상이 되리라. 나의 도문하에 태을도를 받드는 태을도인이 되는 그날이, 그 사람에게 후천의 생일날이 되어 한 살이 되느니라."

(이중성, 『천지개벽경』 p.195)

③ 국즉 대시국

대선생께서 말씀하시기를 "나는 천하 만방의 문명신을 거느리고 조화정부를 열었느니라. 천지만신이 나를 원하여 추대하니, 나는 후천의 당요이니라. 국호는 대시大時라 칭할 것이니라." 족보와 공명첩을 불사르시며 "족보가 나로부터 다시 시작되고, 공명이 나로부터 다시 시작되느니라."

(이중성, 『천지개벽경』 pp.30-31)

④ 병즉 급살병

어느 날 공사를 보시며 가라사대 "이후에 병겁이 침입할 때, 군산 개복에서 시발하여 폭발처로부터 이레 동안 뱅뱅 돌다가 서북으로 펄쩍 튕기면, 급하기 이를 바 없으리라. 이 나라를 49일 동안 싹 쓸고, 외국으로 건너가서 전 세계를 3년 동안 쓸어버릴 것이니라." 하시니라.

(정경규, 『천지개벽경』 p.327)

⑤ 약즉 태을주

증산상제님께서 말씀하시기를 "태을주太乙呪이니라. 병이 다가오면 천하 사람들이 모두 이 주문을 읽어 생명을 구하느니라. 때가 되면 천하 방방곡곡에서 태을주 읽는 소리가 들리리라."

(이중성, 『천지개벽경』 p.189)

⑥ 심즉 원수를 은인같이

"원수를 풀어 은인과 같이 사랑하면, 덕이 되어 복을 이루느니라."

(『대순전경』 p.327)

3장
신인합일 세계일가통일정권

　독기와 살기는 상극인간을 만들지만, 생기와 화기는 상생인간을 만듭니다. 독기와 살기로 싸움을 즐기는 사람은 상극인간이고, 생기와 화기로 싸움을 멀리하는 사람은 상생인간입니다. 지금은 천지 운수가 상극 운수를 마감하고 상생 운수가 열리는 후천개벽기입니다.

　후천개벽시대에는 상극인간을 대청소하는 급살병이 발발합니다. 싸움을 즐기는 사람은 정리되고, 싸움을 멀리하는 사람만 살아남습니다. 천지도수 돌아 닿는 대로 새 기틀이 열린다고 했습니다. 운수는 좋건마는 목 넘기기가 어렵습니다. 상생 운수가 열렸지만, 그 운수를 받는 것은 개인의 문제입니다.

　마음속에 표단이 들어 있으면 싸움을 즐기지만, 마음속에 인단이 들어 있으면 싸움을 멀리합니다. 마음속에 독기와 살기가 도사리고 있으면 표범같이 포악하고 잔인한 사람이 되지만, 마음속에 생기와 화기가 충만하면 진리의 사랑을 실천하는 어진 사람이 됩니다.

　증산상제님께서는 상극 운수를 상생 운수로 돌려놓으시고, 인간의 마음을 바꿔 상생인간으로 살아갈 수 있는 인간개조 사업을 하셨습니다. 태을도에 입도하여 마음 닦고 태을주를 읽어 독기와 살기를 풀어 없애는 태을도인이 되거야, 죽기보다 어려운 마음을 바꿔 표단을 빼고 인단을 넣을 수 있습니다.

1. 하나님 강증산, 남북통일 세계통일 천지공사

이달에 고부 와룡리에 이르사, 종도들에게 일러 가라사대 "이제 혼란한 세상을 바루려면 황극신을 옮겨와야 하리니, 황극신은 청국 광서제에게 응기되어 있느니라." 하시고, 또 가라사대 "황극신이 이 땅으로 옮겨오게 될 인연은 송우암이 만동묘를 세움으로부터 시작되었느니라." 하시며, 종도들을 명하사 밤마다 시천주侍天呪를 읽게 하시되 친히 곡조를 먹이사, 며칠을 지난 뒤에 가라사대 "이 소리가 운상하는 소리와 같도다." 하시고 또 가라사대 "운상하는 소리를 '어로御路 어로御路'라 하나니 '어로'는 곧 임금의 길이라. 이제 황극신의 길을 틔웠노라." 하시고 문득 "상씨름이 넘어간다!"고 외치시더니, 이때에 청국 광서제가 죽으니라. 인하여 세계일가世界一家통일정권統一政權의 공사를 행하실 새, 제자들을 엎드리게 하시고 일러 가라사대 "이제 만국제왕의 기운을 걷어 버리노라." 하시더니, 문득 구름과 같은 이상한 기운이 제왕의 장엄한 모양을 이루어 허공에 벌려 있다가 이윽고 사라지니라.

(『대순전경』 pp.255-256)

지구의 혈자리인 한반도에 하나님이 인간으로 오셨습니다. 이름은 강일순, 도호는 증산甑山이십니다. 증산상제님께서는 1871년 전라도 고부 땅에 탄강하셨습니다. 1901년부터 1909년까지 천지공사를 보시어, 한반도 남북통일과 세계통일이 이루어질 수 있도록 천지도수를 확정하셨습니다. 그 진리가 태을도요, 그 나라가 대시국입니다.

증산상제님이 천지공사 보신 천지도수 따라 태을도인들이 태을도를 펴서 대시국을 건설합니다. 태을도 대시국 건방설도의 주역인 태을도인들이, 인간의 독기와 살기가 불러온 급살병으로 죽어가는 전 인류를 살려내 통일합니다. 그것이 으통醫統입니다. 세계일가통일정권의 진리가 태을도요, 세계일가통일정권의 나라가 대시국입니다.

2. 세계일가통일진리 세계일가통일정권

> 증산상제님께서 말씀하시기를 "천지가 덕을 합하고 천하가 한 가족이 되나니, 천하일가의 천지공정에 참여하라."
>
> (이중성, 『천지개벽경』 pp.40-41)

지금은 선천 상극의 금수세상이 마감되고 후천 상생의 태을세상이 열리는 후천개벽기입니다. 후천개벽기에는 인간의 독기와 살기가 불러온 전란과 병겁이 동시에 발생합니다. 지구의 혈자리인 한반도에서 시작되는 북사도 전란과 남군산 병겁입니다. 천하가 도탄에 빠지면 진리로써 구하고, 천하가 재앙에 처하면 나라가 출범합니다.

증산상제님이 천지공사로 확정한 천지도수 따라, 천하를 구할 세계일가통일진리가 나오고, 천하를 통일할 세계일가통일정권이 현실화됩니다. 그 진리가 태을도요, 그 나라가 대시국입니다. 전란이 있으면 정란이 있고, 병이 있으면 약이 있습니다. 병란병란으로 진멸하는 후천개벽기에, 태을도로 한반도의 남북이 하나되고 전 세계가 하나되는 대시국이 건설됩니다. 1998년 태을도가 공식 기두하였고, 2016년 12월 21일 동지에 대시국 출범을 선포하였습니다.

3. 단주의 태을도, 이마두의 예수회

대선생께서 이르시기를 "만고의 원한 중에서 단주가 가장 크니, 요임금의 아들 단주가 불초하다는 말이 반만 년에 걸쳐 전해 내려오지 않더냐. 단주가 불초하였다면 조정의 신하가 일러 '단주가 깨침이 많고 천성이 밝다'고 천거했겠느냐. 야만과 오랑캐를 없애겠다는 것이 남과 더불어 다투고 시비 걸기를 좋아하는 것이라더냐. 이는 대동세계를 만들고자 한 것을 두고 다투고 시비하는 것이라 욕하였느니라." 제자가 여쭙기를 "우가 요임금의 맏아들이 불초하다고 비판하였나니, 그 이유로써 '밤낮을 가리지 않고 여기저기 돌아다니고, 물과 뭍을 막론하고 배를 끌고 다니고, 집집마다 들어가 술 마시기를 좋아하고, 요임금이 만들어놓은 세상을 멸망시킬 것이라' 하였나이다." 대선생께서 갈씀하시기를 "밤낮을 가리지 않고 여기저기 돌아다녔다는 것은 부지런하게 돌아다니며 백성의 고통을 살폈다는 것이요, 물과 뭍을 가리지 않고 배를 몰고 다녔다는 것은 대동세계를 이루고자 분주하였다는 말이요, 집집마다 들어가 술을 마셨다는 것은 가가호호 백성과 더불어 즐거움을 함께하였다는 것이요, 요임금의 세상을 멸망시킬 것이라 하는 것은 다스리는 도가 요임금과 다름을 이름이니라. 당요의 세상에 단주가 천하를 맡았다면 요복과 황복이라는 지역 차별이 없었을 것이고, 야만과 오랑캐라는 이름도 없었을 것이고, 만 리가 지척과 같이 가까와졌을 것이며, 천하가 한 가족이 되었으리니, 요임금과 순임금의 도는 좁고 막힌 것이었느니라. 단주의 원한이 너무 커서, 순임금이 창오의 들판에서 갑자기 죽고 두 왕비가 상강의 물에 빠져 죽었느니라." 대선생께서 이르시기를 "천하에 크고 작게 쌓여 내려온 원한이 큰 화를 양산하여 인간 세상이 장차 멸망할 지경에 이르렀나니, 그런 고로 단주의 원한을 풀어주어야, 만고에 걸쳐 쌓여 내려온 모든 원한이 자연히 풀리게 되느니라. 후천 선경세상에는 단주가 세상의 운수를 맡아 다스려 나갈 것이니라."

(이중성, 『천지개벽경』 pp.101-103)

　예수회 신부인 이마두는 천주교를 통해 동서양을 하나로 하느님의 나라인 지상천국을 건설하려고 했습니다. 기독교 현대문명입니다. 그러나 천국을 본뜬 기독교 현대문명은 신명을 무시하고 인간의 교만과 폭력을 키워, 신계와 인계가 대혼란에 빠져 마침내 인류가 진멸지경에 처하게 됐습니다. 이마두 신부는 할 수 없이 증산상제님께 하소연하여, 증산상제님이 기독교 현대문명의 대참화로부터 인류를 구하기 위해 인간 세상에 오셨습니다.

　요임금의 아들인 단주는 상제님이 주신 상생의 가르침처럼, 동서양을 하나로 세계일가를 건설하려고 했습니다. 세계일가통일정권 대동세상입니다. 그러나 아버지인 요임금과 순을 비롯한 신하들의 결사적인 반대로, 대위를 이어받지 못하고 세계일가통일정권의 꿈을 펴 보지 못한 채 원한을 품고 생을 마감했습니다. 단주는 인간 세상에 다시 태어나 상생의 가르침을 펴서 세계일가통일정권 선경세상을 건설하게 해 주십사, 상제님께 하소연하였습니다.

　이마두도, 단주도, 하느님이자 상제님이신 증산상제님의 가르침을 직접 받지 못하고 시절인연을 잘못 만나 꿈을 이루지 못했습니다. 후천개벽기가 되어서, 하느님이자 상제님이 인간 세상에 오시고 그 가르침과 그 나라가 나왔습니다. 그 가르침이 태을도요, 그 나라가 대시국입니다. 증산상제님은 이마두 신부를 신계의 주벽으로 삼고 단주를 출세시켜, 이마두가 못 이룬 지상천극의 꿈과 단주가 못 이룬 세계일가의 꿈을 이루도록 천지공사를 보셨습니다.

4. 이미 실현된 탄허스님 통일예언

대선생께서 말씀하시기를 "나는 천하 만방의 문명신을 거느리고 조화정부를 열었느니라. 천지만신이 나를 원하여 추대하니, 나는 후천의 당요이니라. 국호는 대시大時라 칭할 것이니라." 족보와 공명첩을 불사르시며 "족보가 나로부터 다시 시작되고, 공명이 나로부터 다시 시작되느니라."

(이중성, 『천지개벽경』 pp.30-31)

다음은 탄허스님1913-1983이 1975년경 제천 덕주사 주지인 월남스님과 나눴다는 통일예언입니다.

"월악산 영봉靈峰 위로 달이 뜨고, 이 달빛이 물에 비치고 나면 30년쯤 후에 여자 임금이 나타난다. 여자 임금이 나오고 3-4년 있다가 통일이 된다."

1952년 대구에서 태어난 박근혜 대통령은, 1998년 대구 달성에서 치러진 제15대 국회의원 보궐선거에 당선되어 화려하게 중앙 정치무대에 등장했습니다. 박근혜 대통령은 각종 선거의 여왕으로 불리며 5선 국회의원을 지내다, 새누리당 제18대 대통령 후보로 선출되어 문재인을 이기고 대통령에 당선되었습니다.

박근혜 대통령은 대한민국 최초의 여성 대통령으로서 대한민국을 위해 고군분투했으나, 4년차 임기 중인 2016년 12월 9일 국회에서 탄핵

소추가 의결되고, 2017년 3월 10일 헌법재판소에서 탄핵이 확정되었습니다. 박근혜 대통령은 탄허스님 예언대로 1973년 충주댐 공사가 시작되어 월악산 영봉의 달빛이 물에 비추기 시작한 지 30년쯤 후인 2013년 2월 25일에 제18대 대통령에 취임하였으나, 종북좌익들이 주도한 촛불 광란에 휩쓸린 국회 탄핵소추와 헌법재판소 탄핵 인용으로 대통령직을 상실하였습니다.

국회에서 박근혜 대통령 탄핵소추안이 의결되자, 천명을 받은 단주가 2016년 동지에 기독교 대한민국을 접수하여 태을도 대시국을 선포하였습니다. 탄허스님 예언대로, 여자 임금이 나오고 3~4년 있다가 통일된다고 했듯이, 증산상제님이 천지공사 보신 천지도수 따라, 2016년 동지에 태을도 대시국으로 남북통일이 확정된 것입니다.

탄허스님 아버지 김홍규는 일제시대 증산종단 보천교 고위간부로서 60방주의 한 사람이었기에, 아버지로부터 증산상제님 천지공사 내용을 많이 들었을 것입니다. 탄허스님은 태을도 대시국이 출범하리라는 것을 영적으로 본 것입니다. 박근혜 대통령 탄핵 이후 표면적으로는 2017년 당선된 문재인과 2022년 당선된 윤석열에 의해 대한민국 대통령직이 이어져 가고는 있지만, 영적인 차원에서 볼 때는 이미 북한고-남한이 분단시대를 끝내고 태을도 대시국이라는 통일시대로 진입한 것입니다.

5. 단주와 광서제의 상씨름

이달에 고부 와룡리에 이르사, 종도들에게 일러 가라사대 "이제 혼란한 세상을 바루려면 황극신을 옮겨와야 하리니, 황극신은 청국 광서제에게 응기되어 있느니라." 하시고, 또 가라사대 "황극신이 이 땅으로 옮겨오게 될 인연은 송우암이 만동묘를 세움으로부터 시작되었느니라." 하시며, 종도들을 명하사 밤마다 시천주侍天呪를 읽게 하시되 친히 곡조를 먹이사, 며칠을 지난 뒤에 가라사대 "이 소리가 운상하는 소리와 같도다." 하시고 또 가라사대 "운상하는 소리를 '어로御路 어로御路'라 하나니 '어로'는 곧 임금의 길이라. 이제 황극신의 길을 틔웠노라." 하시고 문득 "상씨름이 넘어간다!"고 외치시더니, 이때에 청국 광서제가 죽으니라. 인하여 세계일가世界一家통일정권統一政權의 공사를 행하실 새, 제자들을 엎드리게 하시고 일러 가라사대 "이제 만국 제왕의 기운을 걷어 버리노라." 하시더니, 문득 구름과 같은 이상한 기운이 제왕의 장엄한 모양을 이루어 허공에 벌려 있다가 이윽고 사라지니라.

(『대순전경』 pp.255-256)

중국 대중화시대를 마감하고 조선 대중화시대를 개막하려는 증산상제님의 천지공사장에서 광서제와 단주의 상씨름이 벌어졌습니다. 황극신이 응기한 중국 대중화의 출발은 요순인데, 요순의 맥을 뛰어넘어 조선에서 대중화시대를 개창하려는 단주와, 요순의 맥을 이어 중국의 대중화시대를 온존시키려는 광서제와 상씨름이 벌어진 것입니다. 그 상씨름에서 단주가 광서제를 이겼습니다. 증산상제님께서는 청국 광서제에 응기해 있던 황극신을 조선땅으로 옮기고 단주에게 응기시켜, 조선땅에 단주에 의해 세계일가통일정권이 건설되도록 하셨습니다.

천지부모이신 증산상제님이 천지공사로 확정하시고 고수부님이 신정공사로 감리하신 세계통일정권의 도가 태을도요, 세계통일정권의 나라가 대시국입니다. 단즈가 천지부모님이 모사재천하신 천지도수를 성사재인하는 의통천명을 받들어, 인간의 독기와 살기로 인해 진멸지경에 박도한 전 인류에게 태을주를 읽혀 독기와 살기를 풀어 없애 원수를 은인같이 사랑하는 태을도인으로 재생신시켜, 마음을 심판하여 상극인간을 대청소하고 상생인간을 추수하는 급살병에서 죽을 목숨을 구원하여 통일하는, 태을도 대시국 건방설도의 의통성업을 완수합니다.

6. 하늘이 정한 남북통일의 날

하루는 제자가 증산상제님을 모시고 있더니, 증산상제님께서 말씀하시기를 "내가 하늘도 뜯어고치고 땅도 뜯어고쳐 후천을 열고, 천지의 운로를 바로잡아 만물을 새롭게 하고, 나라를 세우고 도를 펴서, 억조창생의 세상을 널리 구하려 하노라. 이제 천지도수를 물샐틈없이 짜 놓았으니, 도수 돌아 닿는 대로 새로운 기틀이 열리리라. 너희들은 지성으로 나를 잘 믿고 천지공정에 참여하여, 천하의 정세를 잘 살피고 돌아가는 기틀을 보아 일을 도모하라." 증산상제님께서 이르시기를 "이윤이 오십 살에 사십구 년 동안의 그름을 깨닫고 탕임금을 도와 마침내 대업을 이루었나니, 나는 이제 그 도수를 썼노라. 구년 동안 행한 천지개벽공사를 이제 천지에 질정하리니, 너희들은 이것을 통해 믿음을 더욱 돈독히 하고 두텁게 하라. 천지는 말이 없으니, 천동과 지진으로 대신 말을 하노라." 대선생께서 '布敎五十年終筆포교오십년종필'이라 칙령을 써서 불사르시니, 즉시에 천동과 지진이 크게 일어나니라.

(이중성, 『천지개벽경』 pp.638-639)

남북은 신도 차원에서 이미 통일이 됐습니다. 하늘이 정한 남북통일의 날이 선포되었습니다. 하늘이 신도에서 정한 그날이 2016년 12월 21일 동지입니다. 바둑으로 말하면 승부가 이미 난 것이고, 씨름으로 말하면 판세가 이미 굳어진 것입니다. 증산상제님이 천지공사 보신 천지도수에 따라, 1998년 태을도가 나오고 2016년 대시국이 선포되었습니다.

남북통일은 곧 세계통일입니다. 이제 남북통일이 신도로 확정되고 현실로 드러나면서, 북즈선과 대한민국이 정리 수순에 들어갔습니다. 한반도를 두고 미중패권과 남북대결의 극한점에서 평양발 대전란과 군산발 급살병이 터집니다. 토사도 전란과 남군산 병겁이 발발하면 김일성 3대는 자연적으로 끝나 물러날 것이고, 기독교 대한민국은 자연히 그 역할을 다하고 퇴장할 것입니다.

7. 태을도인 일심정성 건방설도 천하사

"평화平和를 부르짖는 것도 일심一心으로 할 것이요 인애仁愛를 설하는 것도 일심으로 할 것 같으면, 일심의 결과는 부르짖지 아니하고 설명하지 아니해도 이미 평화가 있을 것이요, 이미 인애가 있는 것이니라."

(정영규, 『천지개벽경』 p.261)

사람의 마음은 본래 경계도 없고 제한도 없습니다. 내 생각으로 경계를 짓고 제한을 설정합니다. 일심으로 뭉쳐진 마음은 천지도 움직입니다. 무소불위하고 무소불능한 것이 사람의 마음입니다. 일심으로 천지를 움직이는 회천대업의 천하사입니다. 일심의 크기가 기국의 크기입니다. 일심이면 복마도 굴복합니다. 천지부모님과 이심전심되는 태을도인들의 봉명일심奉命一心에 천지신명이 합일하여 지심대도술의 태을세상이 열립니다. 시어일심 종어일심입니다.

하늘은 스스로 돕는 자는 돕는다고 했습니다. 지성이면 감천이라고 했습니다. 대인대의한 일심정성의 천하사입니다. 성공은 중단 없는 일심정성입니다. 부모가 자식을 성공시키는 것도 부모의 일심정성이요, 스승이 제자를 성공시키는 것도 스승의 일심정성이요, 군왕이 신하를 성공시키는 것도 군왕의 일심정성입니다. 마찬가지로 자식과 제자와 신하도 일심정성이 있어야, 부모와 스승과 군왕을 성공시킬 수 있습니다. 일심정성이면 없는 길도 보입니다.

믿음은 일심정성을 만들어내는 원동력입니다. 서로에 대한 믿음으로 일심정성을 다해야 서로가 성공합니다. 일심정성으로 성사재인하는 태을도 대시국 건방설도입니다. 일심이면 한 손가락으로 만 리 밖의 군함도 깨뜨리고, 일심이면 전쟁터의 빗발치는 탄환도 비껴간다고 했습니다. 일심정성이라야 성공합니다. 성공하는 자는 중단하지 않고, 중단하는 자는 성공하지 못한다고 했습니다. 천지부모님께서는 태을도인들의 마음자리를 살펴보고 계십니다.

8. 진리와 자유혁명의 완성

"서양사람 이마두(마테오 리치)가 동양에 와서 천국을 건설하려고 여러 가지 계획을 내었으나, 쉽게 모든 적폐를 고치고 이상을 실현하기 어려우므로 마침내 뜻을 이루지 못하고, 다만 하늘과 땅의 경계를 틔워 예로부터 각기 지경을 지켜 서로 넘나들지 못하던 신명들로 하여금 서로 거침없이 넘나들게 하고, 그 죽은 뒤에 동양의 문명신을 거느리고 서양으로 돌아가서 다시 천국을 건설하려 하였나니, 이로부터 지하신이 천상에 올라가 모든 기묘한 법을 받아내려 사람에게 알음귀를 열어주어 세상의 모든 학술과 정묘한 기계를 발명케 하여 천국의 모형을 본떴으니 이것이 현대의 문명이라. 그러나 이 문명은 다만 물질과 사리에 정통하였을 뿐이요, 도리어 인류의 교만과 잔포를 길러내어 천지를 흔들며 자연을 정복하려는 기세로써 모든 죄악을 꺼림 없이 범행하니, 신도의 권위가 떨어지고 삼계가 혼란하여 천도와 인사가 도수를 어기는지라. 이에 이마두는 모든 신성과 불타와 보살들로 더불어 인류와 신명계의 큰 겁액을 구천에 하소연하므로, 내가 (이마두를 데리고) 서천서역대법국 천계탑에 내려와서 삼계를 둘러보고 천하를 대순하다가 이 동토에 그쳐, (석가모니의 당래불 찬탄설게에 의거하야 僧 진표가 당래의 비음을 감통하고 건립하여 지심기원해 오던) 모악산 금산사 미륵금상에 임하여 삼십 년을 지내면서, 최수운에게 천명과 신교를 내려 대도를 세우게 하였더니, 수운이 능히 유교의 테밖에 벗어나 진법을 들쳐내어 신도와 인문의 푯대를 지으며 대도의 참빛을 열지 못하므로, 드디어 갑자1864년에 천명과 신교를 걷우고 신미1871년에 스스로 세상에 내려왔노라."

(『대순전경』 pp.303-305)

동서고금의 성인들은 예외 없이 인간 완성을 위한 자유와 진리의 길을 가르쳤습니다. 인간의 마음속 깊이 뿌리박힌 독기와 살기를 풀어 없애기 위한 설법을 했고 강설을 했습니다. 독기와 살기에 휘감긴 인간으로부터 독기와 살기를 풀어 없애야 진리와 자유의 사람이 됩니다. 독기와 살기가 조금이라도 마음속에 남아 있으면 상극의 언행으로 척을 짓고 살을 쌓으며 상극세상을 연장하게 됩니다.

상극세상에서는 상극지리가 지배하기에 인간이 독기와 살기의 굴레에서 완전히 벗어날 수가 없습니다. 천지의 환경이 상극 운수이기에 평범한 인간의 노력으로는 그 한계를 뛰어넘기가 쉽지가 않습니다. 심신을 닦아 가정을 꾸리고 나라를 건설하여 국태민안을 위한 치천하의 길을 간다고 하지만, 매사에 독기와 살기가 묻어나와 원망이 쌓이고 불평줄이 떠날 수가 없습니다.

인간은 진리를 깨달은 만큼 자유롭게 됩니다. 진리가 있어야 자유가 있습니다. 유불선 서도가 각각의 가르침으로 진리와 자유의 길로 안내했지만, 상극의 천지환경 속에서는 한계가 있을 수밖에 없었습니다. 예수 석가 공자 노자의 가르침은 후대로 갈수록 종교갈등과 정치갈등으로 이어지는 재민혁세의 옹패술로 전락하여, 마침내 전란과 병겁을 불러들여 전 인류가 진멸지경을 당하게 되었습니다.

이마두는 동서양 유불선 서도의 도통신과 문명신을 모아 천국문명을 지상에 이식하여 근대문명을 열어 지상천국을 건설하려고 했습니다. 그러나 인간의 독기와 살기로 인해 근대문명이 인류에게 대재앙을 일으키게 됨을 알고, 인류구원을 위해 증산상제님이 인간 세상에 강림하실 것을 간구하였습니다. 이마두의 기독교 근대문명을 통한 진리와 자유의 혁명이 대파국을 맞은 것입니다.

기독교 근대문명의 빛과 그림자인 자유민주와 공산독재를 통해 이마두의 후예들인 종교가들과 정치가들이 지상천국 건설을 위한 진리와 자유 혁명을 시도했지만, 상극환경과 자기모순으로 대전란과 대병겁 상황을 초래하고 말았습니다. 나라와 국민을 위한 명분이 아무리 좋아도 독기와 살기를 완전히 풀어 없애지 못하면, 재민혁세의 결과를 가져와 또 다른 혁명을 자초하고 맙니다.

개신교는 산업혁명과 종교혁명과 정치혁명으로 근대문명을 일으켜 진리와 자유의 꽃을 피웠지만, 인간의 교만과 폭력성을 키우고 공산독재의 그림자를 만들어내어, 재민혁세의 웅패술로 전락하여 자작사당하는 꼴이 되었습니다. 이마두의 지상천국 건설 실험은 상극지리를 벗어나지 못한 인간의 한계였기에, 이마두의 간절한 호소를 받아들여 증산상제님이 인간 세상에 오신 것입니다.

유불선 서도가 이룩하고자 했던 지상천국 건설을 위한 진리와 자유혁명은 증산상제님을 기다려서 실현됩니다. 증산상제님은 천지의 운수를 상극지리를 상생지리로 바꾸어 천지환경을 상생운수로 돌려놓으시고, 인간이 노력만 하면 누구나 선천 상극지리 속에서 윤회·환생하며 묻혀온 독기와 살기를 모두 풀어 없애 진리와 자유의 사람이 될 수 있도록 하는 천지공사를 보셨습니다.

증산상제님이 삼계에 선포하신 진리와 자유의 도가 태을도요, 진리와 자유의 사람기 태을도인입니다. 이마두가 선도했던 기독 근대문명이 일으킨 진리와 자유혁뎡의 분란이 단주가 성사재인하는 태을도 태을문명으로 정리됩니다. 태을도를 전해, 마음 닦고 태을주를 읽혀 독기와 살기를 풀어 없아 태을도인으로 재생신시켜 급살병에서 살려내는 것이, 진리와 자유혁명의 완성인 제생의세입니다.

9. 상극세상을 상생세상으로 바꾸는 천하사

매양 천지공사를 행하실 때 모든 종도들에게 "마음을 잘 닦아 앞에 오는 좋은 세상을 맞으라." 하시므로, 종도들이 하루바삐 그 세상이 이르기를 바라더니, 하루는 신원일이 청하여 가로대 "선생이 천지를 개벽하여 새 세상을 건설한다 하신 지가 이미 오래이며, 공사를 행하시기도 여러 번이로되, 시대의 현상은 조금도 변함이 없으니 제자의 의혹이 자심하나이다. 선생이시여, 하루바삐 이 세상을 뒤집어서 선경을 건설하사 남의 조소를 받지 않게 하시고, 애타게 기다리던 우리에게 영화를 주옵소서." 하거늘, 상제님 일러 가라사대 "인사는 기회가 있고 천리는 도수가 있나니, 그 기회를 지으며 도수를 짜내는 것이 공사의 규범이라. 이제 그 규범을 버리고 억지로 일을 꾸미면 이는 천하에 재앙을 끼침이요, 억조의 생명을 빼앗음이라. 차마 할 일이 아니니라."

원일이 굳이 청하여 가로대 "지금 천하가 혼란무도하여 선악을 가리기 어려우니, 마땅히 속히 진멸하고 새 운수를 열음이 옳으니이다." 상제님 괴로히 여기사, 칠월에 원일과 두어 종도를 데리고 변산 개암사에 가사 손가락으로 물을 찍어서 부안 석교로 향하여 뿌리시니, 문득 그쪽으로 구름이 모여들며 큰 비가 쏟아지고 개암사 부근은 청명하더라. 상제님 원일을 명하사 속히 집에 갔다 오라 하시니, 원일이 명을 받고 집에 돌아간즉, 그 아우의 집이 비에 무너져서 그 권속이 자기의 집에 모여 있거늘, 원일이 슬픔을 이기지 못하여 곧 돌아와서 상제님께 그 사유를 아뢰니, 상제님 일러 가라사대 "개벽이란 것은 이렇게 쉬운 것이라. 천하를 물로 덮어 모든 것을 멸망케 하고 우리만 살아있으면 무슨 복이 되리오. 대저 제생의세濟生醫世는 성인聖人의 도道요, 재민혁세災民革世는 웅패雄覇의 술術이라. 이제 천하가 웅패에게 괴롭힌 지 오랜지라, 내가 상생의 도로써 만민을 교화하며 세상을 평안케 하려 하노니, 새 세상을 보기가 어려운 것이 아니오. 마음을 고치기가 어려운 것이라. 이제부터 마음을 잘 고치라. 대인을 공부하는 자는 항상 남 살리기를 생각하여야 하나니, 어찌 억조를 멸망케 하고 홀로 잘되기를 도모함이 옳으리오." 하시니,

원일이 이로부터 두려워하여 무례한 말로 상제님께 괴롭게 한 일을 뉘우치고, 원일의 아우는 그 형이 상제님께 추종하면서 집을 돌보지 아니함을 미워하여 항상 상제님을 욕하더니, 형으로부터 이 이야기를 듣고는 상제님께 욕한 죄로 집이 무너짐이나 아닌가 하여 이로부터 마음을 고치니라.

(『대순전경』 pp.45-47)

상극지리에 따라 상극세상을 살아온 우리입니다. 너 나 할 것 없이 상극요소는 넘쳐나고 상생요소는 부족합니다. 증산상제님께서 '말은 마음의 소리요, 행사는 마음의 자취'라고 말씀하셨습니다. 독기와 살기를 풀어 없애 마음에 사랑과 용서가 자리 잡는 게 우선입니다. 마음이 일어나면, 머리로 생각을 일으키고 가슴을 울리어 손발을 움직이는 것입니다. 그러나 마음이 일어나도 실천적 이성과 경험적 판단으로 이화되기까지는 숙성시키는 기다림이 필요합니다.

내 마음과 몸을 냉정히 살펴야 합니다. 몸은 마음을 담고 표현하는 그

릇이자 도구입니다. 사랑과 용서로 마음과 육신이 하나가 되어야, 상극체질이 상생체질로 바뀝니다. 상극체질에서 상생체질로 바꿔야 천지부모님을 모시고 상생세상을 건설할 수 있습니다. 마음 닦음도 연습이요, 마음씀도 연습입니다. 머리로는 사랑과 용서를 말하지만, 제때 가슴으로 온전히 사랑과 용서가 내려오지 않습니다. 가슴으로 사랑과 용서를 받아내려도, 실제상황에 부딪히면 사랑과 용서의 언행이 잘 실천되지 않습니다.

상극세상을 상생세상으로 바꿔 가는 천하사입니다. 우리는 웅패의 술로 천하사를 하는 데 익숙해져 왔습니다. 축적된 경험도 있고, 정형화된 교범도 있고, 칭송받는 사람도 있습니다. 그러나 증산상제님께서는 상극의 방법인 웅패의 술로 천하사를 한 결과는 재민혁세라고 말씀하셨습니다. 악의 되풀이가 만든 악척의 보복으로 세상을 혼란시킵니다. 상생의 방법인 성인의 도로 천하사를 해야, 제생의세가 되어 천하 창생을 상생 관계로 만들어 급살병에서 구해 낼 수 있습니다. 마음을 고쳐 원수를 은인같이 사랑해야 합니다.

10. 새 인생 새 출발, 태을도인이 되는 그날

증산상제님께서 말씀하시기를 "나의 도문하어 혈심자 한 사람만 있으면 내 일은 이루어지느니라." 증산상제님께서 이르시기를 "세상 사람들이 나의 도문하에 '태을도인들이 나왔다'고 말들을 하면, 태평천하한 세상이 되리라." 이어서 말씀하시기를 "지금은 태을도인으로 포태되는 운수이니 아동지세이니라. 그러므로 치성을 모실 때에는 관복을 벗고 헌배하라. 때가 되어 관을 쓰고 치성을 모시면 천하태평한 세상이 되리라. 나의 도문하에 태을도를 받드는 태을도인이 되는 그날이, 그 사람의 흑천인생에서 한 살이 되느니라."

(이중성, 『천지개벽경』 p.195)

증산상제님은 천지의 주재자요, 생명의 실체는 태을입니다. 태을은 생명의 한울이요, 영혼의 뿌리입니다. 증산상제님은 태을도를 깨치신 최초의 태을도인으로서 태을과 합체되어 태을화권을 갖고, 태을도 태을맥으로 삼계일가하는 천지공사를 보셨습니다. 증산상제님은 고수부님을 태을도의 반려자로 삼아 정음정양으로 천지공사를 보시고, 천상 태을궁에 천지부모로 좌정하시어 무위이화로 천지인신을 조화하고 계십니다.

인간이나 신명이나 본래 태을도를 닦아 시천주 봉태을 하는 태을도인이었습니다. 선천의 승극지리 속에 독기와 살기에 휩싸여 신과 인간으로 윤회·환생하여 살다 보니, 본래의 고귀하고 신령스런 진면목을 잊어버렸습니다. 인간이나 신명이나 모두 천지부모님을 만나서 태을도를 닦아 태을도인이 되어야 인간과 신명으로서 성공할 수 있습니다. 지금은 생명이 태을로 원시반본하고 진리가 태을도로 원시반본하는 후천개벽기입니다. 태을도를 받드는 태을도인이 되는 그날이 후천의 생일날입니다.

11. 진리사랑 세계일가, 단주수명 태을도인

> 증산상제님께서 말씀하시기를 "천지가 덕을 합하고 천하가 한 가족이 되나니, 천하일가의 천지공정에 참여하라."
>
> (이중성, 『천지개벽경』 pp.40-41)

천지부모님의 사랑을 고맙고 감사하게 느끼는 사람은, 천지부모님의 사랑을 주변사람들에게 실천하고 전합니다. 특히 치열한 삶의 현장에서 천지부모님의 사랑으로 은혜받을수록, 언제 어디서나 천지부모님 사랑의 증인이 되어 갑니다.

천지부모님의 진리사랑을 가르쳐 주는 태을도입니다. 천지부모님은 당신이 모범 보인 진리사랑을 가르치는 태을도를 온 세상에 펴서, 천하창생들을 급살병에서 살려내 통일하여, 세계일가통일정권 대시국을 건설할 수 있도록 모사재천하셨습니다. 진리사랑 세계일가를 성사재인하는 많은 단주와 태을도인들에게 있습니다.

천지부모님이 태을도인들을 통해 세상에 전하시려는 것은, 마음속 깊이 뿌리내린 독기와 살기를 풀어 없애 '원수를 은인같이 사랑하는', '금수를 뛰어넘은 진리의 사랑'입니다. 태을도인들은, 천지부모님의 사랑을 몸소 체험한 생생한 감동으로, 천지부모님의 사랑을 감동스럽게 전하는 천지부모님의 증인들입니다.

12. 의통건국 세계일가, 증산소유 단주수명

고수부께서 무오1918년 9월 19일 대흥리를 떠나 조종골로 오실 때, 약장을 아니 가지고 빈 몸으로 오셨으므로, 이제 약장을 짜시니 다음과 같으니라. 약장의 밑의 칸은 큰 칸 하나를 두시고, 그 위의 칸은 사상에 응하여 빼닫이 네 칸을 횡으로 두시고, 아래칸 바닥에다 경면주사로 붉은 점을 둥글게 스물넉 점을 돌려 찍으시고, 그 중앙에다 '八門遁甲팔문둔갑'이라 쓰시고 글 쓴 위에다 '舌門설문'이라고 두 자를 불지져 낙서烙書하시고, 약장 안벽에다가 이와 같이 쓰시니라.

「姜甑山 所有강증산 소유
呂童賓之 造化權能여동빈지 조화권능
姜太公之 道術강태공지 도술
神農氏之 遺業신농씨지 유업
丹朱受命단주수명」

그리고 이 약장을 둔궤遁樻라 부르시고 또는 신독神甕이라고도 부르게 하신 바, 약방에 오는 사람은 누구든지 그 앞에 돈을 놓고 절을 하게 하시어 이 법을 엄격히 지키도록 명령하시어, 누구든지 반드시 실행하게 하시니라.

(『선도신정경』 pp.77-79)

천지도수 따라 새 시대 새 진리 새 나라가 나옵니다. 태을시대 태을도 대시국입니다. 증산상제님의 모사재천 천지공사와 단주의 성사재인 천지공정으로 현실화됩니다.

태을시대를 앞두고 인간의 독기와 살기가 불러온 급살병이 발발합니다. 마음을 심판하여 상생의 태을시대를 열어갈 마음종자를 추립니다. 천지 이치가 동란動亂이 있으면 정란靖亂이 있고, 병이 있으면 약이 있는 법입니다.

천하가 도탄에 빠지면 도로써 구해 내고, 천하가 혼란에 휩싸이면 나라가 선포됩니다. 그 도가 태을도요, 그 나라가 대시국입니다. 증산 모사재천 단주 성사재인, 증산소유 단주수명입니다.

13. 현대판 정감록, 공산주의

하루는 공사를 보실 세, 종도들에게 가라사대 "세상에서 이르기를 충청도 계룡산이 정씨의 도읍지라 하며, 그때에 배裵씨가 개국공신이 된다고 하니, 세상에서 이르는 대로 될진대 어찌 부당하지 아니하랴. 이조의 개국공신이 배씨거늘 정씨세상에서 또 개국공신이 된다 함은, 배裵로써 배倍하려 하는 바라. 세상을 불균하게 함이니 이를 바루워야 되리라." 하시며 이도삼李道三을 불러 앞에 앉히시더니, 도삼에게 가라사대 "너는 배도삼裵道三이라 부르면 대답하겠느냐." 하시며 응답을 받으신 후, 이도삼에게 "배도삼이!" 하시니 도삼이 "예!"하고 대답하거늘, 가라사대 "이로써 충청도 계룡산 정씨의 운을 걷어 버리니라." 하시더라.

(정영규, 『천지개벽경』 pp.63-64)

나라를 건국하는 데는 명분과 중심인물이 있어야 합니다. 조선의 명분은 성리학이었고, 중심인물이 이성계였습니다. 조선은 이성계가 세운 성리학의 나라입니다. 반反조선의 명분은 정감록이었고, 중심인물은 정도령입니다. 정감록은 정도령이 한양의 조선을 멸망시키고 계룡산에서 왕으로 등극한다는 것입니다. 조선 오백 년 내내 성리학과 정감록의 명분 대결이었고, 이씨와 정씨의 왕권싸움이었습니다. 한반도 남쪽의 대한민국은 이승만이 건국한 자유민주·시장경제의 기독교 나라이고, 북쪽의 북조선은 김일성이 건국한 공산독재·계획경제의 공산당 나라입니다.

조선의 주류는 이성계를 태조로 하는 성리학이었고, 조선의 비주류는 정도령을 태조로 하는 정감록이었습니다. 대한민국의 주류는 이승만을 한반도 통일의 정통으로 보는 예수의 기독교이고, 비주류는 김일성을 한반도 통일의 정통으로 보는 마르크스의 공산주의입니다. 김일성 공산주의자들은 대한민국을 인정하지 않기에, 대한민국을 공산화시키기 위한 남조선 혁명을 끊임없이 획책했습니다. 조선의 통치세력이 성리학자였다면, 대한민국의 통치세력은 기독교인입니다. 조선의 반역세력이 정도령 신봉자였다면, 대한민국의 반역세력은 김일성 신봉자입니다.

오늘날 반反대한민국의 중심에 조선의 정도령인 북조선의 김일성이 있습니다. 김일성을 추종하는 대한민국의 주사파 세력은 조선시대의 정도령 세력에 비유할 수 있습니다. 이들은 기독교와 이승만을 불구대천의 원수로 보고. 이승만의 통치사상인 기독교와 대한민국을 철저히 부정하고 있습니다. 박헌영의 남로당으로부터 비롯되는 반대한민국 좌익세력은 위수김동을 외치며 김일성 3대를 열렬히 추종하고 있습니다. 1945년 해방 이후 지난 70여 년 동안, 김일성 중심 정감록 공산주의세력과 이승만 중심 기독교 자유민주세력이 생사를 걸고 싸우고 있습니다.

14. 통일한국의 끝판, 이씨와 정씨의 대결

기유1909년 봄에 대선생이 동곡에 계시더니, 천지대신문을 여시고 천지대공사를 행하시니라. 법을 베푸시고 법을 행하사 신명에게 칙령을 내리시니라. 대선생께서 말씀하시기를 "공우야, 나는 오늘 말을 타고 태인 살포정으로 가리니, 너는 미리 백암에 가서 경학과 함께 살포정殺捕亭으로 오라." 대선생이 평소 다니실 때에는 늘 걸어 다니시고 말을 타지 않으시니라. 공우가 명을 받고 경학을 데리고 살포정에 이르니, 대선생이 바깥 전각 마루에 초연히 앉아 계시어 그저 별다른 기미가 없으시더라. 두 사람이 이상히 여겨 안마당을 둘러 살피니, 세 사람이 서로 상투를 잡고 다투고 있는데, 자세히 보니 경학의 마부가 그들 중에 끼어있는지라. 경학이 그 마부가 자기가 데리고 있는 사람인 고로, 바로 들어가 일갈하며 제지하니, 마부는 냇가로 물러나 앉고, 한 사람은 장사꾼이라 짐을 지고 큰길 쪽으로 황망히 걸어가며 수 차례 뒤를 돌아보고, 한 사람은 안마당을 돌아다니며 대성통곡하고 무수히 패설을 내뱉으니, 누구를 향하여 그러는지 알 수 없더라.

얼마 지나서 대선생이 안마당에 들어가시더니, 그 사람을 위로하시고 손을 잡고 오시어, 주모에게 술을 청하여 먼저 한 잔을 잡수시고 다시 한 잔을 시켜 그 사람에게 주시며 말씀하시기를 "그만 울음을 그치고 술을 마시라." 그 사람이 술 마시기를 응하지 않다가, 드디어 강권을 이기지 못하고 술을 받아서는, 입에 말을 머금고 울면서 술을 마시더라. 공우가 바라보니 그 사람의 행동이 무례한 듯 보여 책망하려 하매, 대선생이 위엄어린 눈빛으로 경계하시니라. 그 사람이 그 뜻을 알아채고 두 사람을 향하여 통곡하며 패설을 늘어놓으며 "너희들이 하는 일을 내가 다 알고 있노라." 그 사람이 울음을 그치지 않거늘, 대선생께서 명을 내려 울음을 그치게 하시니라.

두 사람이 참 이상한 일이라 생각하고 마부에게 다가가 서로 다투게 된 이유를 물으니, 마부가 말하길 "안마당에 콕숭아나무가 한 그루 서 있고 그 아래에 화로가 있어서 담뱃불을 붙이려고 갔더니, 두 사람이 먼저 와 있는지라, 세 사람이 마주 대하여 앉아 막 통성명을 하고 있던 참에, 어쩐 일인지 부지불식간에 세 사람이 일시에 서로 상투를 잡고 다툼이 벌어지니, 왜 시비가 붙었는지 모르겠나이다." 두 사람이 생각되기를, 이와 같은 일은 필시 신명의 시비라 하여 세 사람의 성씨를 물으니, 마부가 대답하기를 "우리 집의 성씨는 이씨요, 장사꾼의 성씨 또한 이씨요, 안마당에서 통곡하는 자의 성씨는 정씨라 하더이다."

제자가 대선생께 여쭙기를 "이번 공사에 세 사람이 아무 이유 없이 서로 상투를 잡고 자신들도 모르게 다투었다 하나니, 무슨 까닭이나이까." 대선생께서 이르시기를 "이다음에 이씨와 정씨의 다툼이 있으리니, 다툼을 말릴 수 있는 도를 오직 내가 유일하게 홀로 갖고 있느니라." 제자가 여쭙기를 "오늘의 다툼은 두 사람의 이씨와 한 사람의 정씨 간에 벌어진 일이니, 무슨 까닭이나이까." 대선생께서 말씀하시기를 "오래된 이씨가 내 사람이니라." 경학이 이 일이 있은 후로부터 늘상 자부하기를 "장차 천하에 이씨와 정씨의 다툼이 있을 것인데, 내가 아니면 이를 말리지 못하리라. 그렇지 않다면 대선생께서 하필 나를 불러 다툼을 말리게 했으리오." 하며, 항상 자부하는 말을 하니라.

(이중성,『천지개벽경』 pp.542-546)

지구의 혈자리인 한반도에서, 남북통일 천하통일을 위한 건곤일척의 온갖 승부수가 펼쳐지고 있습니다. 표면적으로는 이태리 신부인 이마두(마테오 리치)가 천상에서 주도한 기독교 근대문명의 빛과 그림자인 자유민주·자본주의와 일당독재·공산주의가 생사결투를 벌이고 있습니다. 인간의 독기와 살기가 묻은 이성을 극대화하여 상극세상에 꽃피운 기독교 현대문명입니다. 인간의 독기와 살기가 신도를 무시하고 인간의 야만성과 폭력성을 키워, 결국은 지구의 혈자리인 한반도에서 대전란과 급살병을 불러와 전 인류를 진멸지경에 몰아넣게 되었습니다. 그 구체적인 형태가 북사도 전란과 남군산 병겁입니다. 기독교 현대문명의 빛과 그림자인 자본주의와 공산주의가 한반도에 유입되어, 미중패권과 남북대결의 극한점에서 북사도 전란과 남군산 병겁으로 폭발하는 것입니다.

대한민국은 자유민주·자본주의 국가지만, 북조선은 수령독재·반자본주의 국가입니다. 이승만이 세운 대한민국은 자본주의 장사꾼의 나라지만, 김일성이 세운 북조선은 반자본주의 정도령의 나라입니다. 대한민국은 이승만이 건국한 나라이기에, 이승만의 자유민주·자본주의를 인정하고 계승해야 진정한 대한민국 대통령입니다. 대한민국의 정통성과 정체성을 가장 부정하는 사람은 반대한민국의 중심인물입니다. 그 정점에 김일성 삼부자가 있고 그를 추종하는 대한민국 좌익세력이 있습니다. 북사도 전란과 남군산 병겁이 터지면, 대한민국의 정통성과 정체성을 지키는 이승만의 후예와 대한민국의 정통성과 정체성을 부정하는 김일성의 후예가 대충돌을 하게 됩니다. 남북통일의 최종 주역이 되고자- 장사꾼 이씨 세력과 정도령 정씨 세력이 지난 70여 년 동안 싸워 왔습니다.

　남북통일은 세계통일입니다. 통일한국으로 가는 끝판에, 미국을 뒷배로 하는 이승만의 대한민국 자본주의세력 이씨와 중국을 뒷배로 하는 김일성의 북조선 공산주의세력 정씨의 마지막 대결이 벌어집니다. 증산상제님이 살포정 공사를 보신 것과 같이, 대한민국의 주체세력인 장사꾼 이씨와 대한민국의 부정세력인 정도령 정씨가 먼저 도착한 가운데, 마지막으로 증산상제님을 모시고 원성 이씨가 등장하지 됩니다. 장사꾼 이씨와 정도령 정씨는 북사도 전란과 남군산 병겁을 대처할 권능이 없고, 오직 증산상제님을 모신 원성 이씨만이 권능이 있습니다. 증산상제님의 결정에 장사꾼 이씨는 아쉬운 듯 뒤를 돌아보며 순순히 비켜나지만, 정도령 정씨는 강력하게 불평불만을 토하며 물러나지 않습니다. 증산상제님께서는 정씨에게 술을 강권하며 마침내 굴복시키셨습니다.

15. 인간혁명 인간개벽

증산상제님께서 말씀하시기를 "내 세상에 이마두는 신계의 주벽이 되나니, 가히 공경할지니라. 이마두의 공이 천지에 가득 찼느니라. 이마두가 장차 선경을 건설하려고 동쪽으로 왔으나, 정치와 종교의 적폐가 심하여 불가능할 것임을 알고 다만 역서를 개정하여 백성들에게 때를 알려주고, 죽어서 동방문명신을 거느리고 서양으로 넘어갔느니라. 천지 간에 수화기제의 운수를 연 자가 이마두요, 천지 간에 신계의 영역을 개방한 자가 이마두니라. 선천은 동서가 서로 통하지 못하였기에 화수미제의 운수요, 후천은 동서가 서로 통하기에 수화기제의 운수니라."

이어서 증산상제님께서 말씀하시기를 "선천은 천지에 가득 찬 신이 각기 자기의 영역을 지켜 서로 자유롭게 왕래하지 못하였나니, 이마두가 이를 개방하여 지하신이 천상에 올라가 천국의 모형을 본떠 사람에게 알음귀를 열어주어 지금의 서구 문명을 이루었느니라. 이마두의 공덕을 사람이 능히 알지 못하였나니, 천지만신은 이를 알고 그를 존경하느니라. 이마두는 항상 내 곁에 있으면서 만상을 섭리하느니라."

(이중성, 『천지개벽경』 pp.41-42)

동서고금의 역사를 살펴볼 때, 인간이 인간을 어떻게 이해하느냐에 따라 역사가 차원 변화를 해 왔습니다. 기독교 근대문명은 인간 개인과 개인의 존엄성을 발견한 이성 개발의 산물입니다. 인간은 누구에게도 양보할 수 없는 절대적인 이성으로 세상을 보고 진리를 받아들입니다. 인간의 이성은 나라에 종속되지도 않고 민족에 예속되지도 않는 천부적인 존재이기에, 하느님도 인간의 이성을 통해 해석되고 이해되어야 의미가 있습니다.

1517년 마르틴 루터의 종교개혁에 이은 계몽사상이 인간을 신으로부터 해방시켰습니다. 기독교 근대문명을 일으킨 인간의 이성은, 결국 인간의 독기와 살기로 인해 신도를 무시하고 인간의 교만심과 폭력성을 강화하여, 인류 전멸의 대재앙을 불러일으키게 됩니다. 천상에서 기독교 근대문명을 주도한 이마두 신부는, 기독교 근대문명의 첨단화가 가져올 인류 전멸이라는 대재앙을 증산상제님께 하소연하여, 증산상제님이 인간 세상에 오시게 되었습니다.

기독교 근대문명은 인간 이해가 본질적으로 잘못되었기에, 인간 역사가 정상궤도를 벗어나 인류 멸망으로 귀결되게 됩니다. 인간의 신성을 부정하고 인성에만 치중하여, 인간의 이성을 절대지존의 위치에 올려놓았습니다. 증산상제님께서는, 인간은 진리와 생명의 뿌리인 태을에서 천주의 성품을 가지고 화생되어 나온 시천주 봉태를 하는 태을도인이라고 밝혀 주시면서, 태을도를 통해 시천주 봉태를 하는 태을도인으로 재생신되어야 한다고 말씀하셨습니다.

선천 상극세상을 살아온 인간들은 자신들의 독기와 살기로 인해, 인간 본래의 참모습을 찾을 수가 없습니다. 선천 상극세상을 지배한 상극지리라는 천지 환경으로 인해, 인간의 이성을 아무리 극대화시켜 봐야 독기와 살기의 영향에서 자유로울 수 없습니다. 독기와 살기가 지배하는 상극의 금수세상이 마감되고 생기와 화기가 생성되는 상생의 태을세상이 열리는 후천개벽기가 되어서야, 인간 이성이 신성과 함께 제대로 작동할 수 있습니다.

신성이 뒷받침되지 않는 인간 이성의 극대화는 인간의 독기와 살기로 인해 금수와 야만으로 타락하게 만듭니다. 증산상제님은 우리가 태을도를 통해 독기와 살기를 풀어 없애고 본래 마음속에 받아 나온 시천과 태을을 밝혀, 천주의 품성을 되찾고 태을신성과 생명력을 회복한 태을도인으로 재생신되게 하셨습니다. 증산상제님은 태을도인으로 재생신시키는 근원적인 인간혁명을 통해, 급살병에 죽을 인간을 살려 통일하는 의통개벽의 천지공사를 보셨습니다.

4장
강증산 상제님의 군대

 설단舌端으로 부르짖고, 필단筆端으로 외쳐야 합니다. 말에 간절함을 담고, 글에 간곡함을 담아야 합니다. 주저앉은 마음을 일으켜야 하고, 잠든 영혼을 일깨워야 합니다. 천지부모님의 말씀을 새롭게 들어 양심을 되찾은 사람의 의무이자, 마음의 눈을 뜬 사람의 책임입니다. 천지부모님의 간절한 마음과 뜻이 천하 방방곡곡으로 전해져야 합니다.

 말을 하지 않으면 마음이 전해지지 않습니다. 글을 쓰지 않으면 뜻이 전달되지 않습니다. 말과 글은 마음의 소리요, 뜻의 표현이기에, 말과 글을 통해 마음과 마음이 만나고 뜻과 뜻이 통하는 것입니다. 이문회우以文會友 이우보인以友補仁이라고 했습니다. 천지부모님의 마음줄을 잡아 일찍 일어난 사람이 침묵한다면, 진리의 죄인이 됩니다. 천지부모님의 생명줄을 잡아 살아난 사람이 방관한다면, 역사의 죄인이 됩니다.

 말과 글로 '태을도와 태을도인'의 진면목을 전하고, '급살병과 태을주'의 진실을 알려야 합니다. 선천 오만 년의 총결론이 '태을도와 태을도인'이요, '급살병과 태을주'입니다. 혼자만 잘 사는 길이 아니기에, 같이 가야 합니다. 혼자만 통행하는 길이 아니기에, 함께 가야 합니다. 말하는 만큼 깨치고, 쓰는 만큼 배웁니다. 내가 배우기 위해서도 말해야 하고, 내가 깨치기 위해서도 써야 합니다.

주저할 시간이 없습니다. 망설일 시간이 없습니다. 급살병을 향한 운명의 시계는 쉼 없이 돌고 있습니다. 한 사람이라도 더 살려내야 합니다. 한 사람이라도 더 구해 내야 합니다. 태을도를 전해온 증산종단이요, 태을도를 닦아 온 증산신앙인입니다. 증산종단 100년 만에 태을도 의통성업의 때를 맞이하여, 증산종단이 태을도로 수렴되고, 증산신앙인이 태을도인으로 결실됩니다. 이제 태을도 낙종물과 이종물을 지나 태을도 추수물에 접어들었습니다. 농부가 게으르면 농사를 망치고, 도인이 게으르면 천하를 망칩니다.

마음의 준비를 단단히 시켜야 합니다. 마음심판의 급살병입니다. 독기와 살기의 상극인간을 대청소합니다. 마음 닦고 태을주를 읽혀 독기와 살기를 풀어 없애야 합니다. 천지부모님의 마음을 전하여 생명의 근본을 알게 해야 하고, 천지부모님의 뜻을 전해 생명의 중심을 깨우쳐야 합니다. 근본을 알고 중심을 깨우쳐야 큰 울림이 나옵니다. 마음이 관건이고, 시천이 중심이고, 태을이 핵심입니다. 일심정성으로 태을도 의통천명을 받들어야 합니다. 일심혈심으로 말을 하고 글을 써서, 태을도와 인연되는 천심자의 마음을 모으고 천심자의 뜻을 모아 태을도인으로 포태 재생신 시켜, 태을주 수꾸지를 돌려야 합니다.

1. 죽음이 쓰나미처럼

제자가 여쭙기를 "수운이 '우리 동방 삼년 괴질 그 누가 막을 것인가'라고 하고, '십이제국 괴질운수 누가 능히 막을 것인가'라고 하나니 과연 그러하나이까." 대선생께서 이르시기를 "거의 대강을 들어서 말하였나니, 천하가 다 그러하느니라. 토정이 '병란도 아니고 굶주림도 아닌데, 쌓인 시체가 길에 넘쳐난다'라고 말하지 아니하였느냐. 또한 토정이 '병病으로 만 명이 죽으면, 기근으로 천 명이 죽고, 병란兵亂으로 백 명이 죽는다'고 이르지 않았느냐. 때가 되견 죽음이 홍수 밀리듯 할 것이니라. 누워 일어날 여유도 없고 국 떠 가실 시간도 없으리니, 의통醫統을 배워두라." 제자가 여쭙기를 "불가에 미륵불이 출세한다는 말이 있고, 서도에 예수가 부활한다는 말이 있고, 동학에 수운이 갱생한다는 말이 있으니, 과연 그러하나이까." 대선생께서 이르시기를 "죽은 사람은 다시 살아나지 못하느니라. 그런고로 한 사람이 오면 천하 중생이 다 자기선생이라 하여 따를 것이니라." 제자가 여쭙기를 "세상에 돌아다니는 말에 '천주가 세상에 강림하사 선악을 심판한다'라고 하나니, 과연 그러하나이까." 대선생께서 말씀하시기를 "인존세상에는 상제上帝가 인간 세상에 내려와 선악을 심판하나니라. 천존과 지존보다 인존이 더욱 중요하나니, 지금은 인존시대이니라."

(이중성, 『천지개벽경』 pp.52-53)

칠흑 같은 어둠에는 횃불을 든 사람을 따라가야 살 수 있습니다. 천하가 도탄에 빠지면 도로써 구해 내고, 천하가 재앙에 휩쓸리던 새로운 나라가 선포됩니다. 그 도가 태을도요, 그 도인이 태을도인이요, 그 법방이 태을주요, 그 나라가 대시국입니다. 증산상제님이 천지대신문을 열고 천지공사로 여합부절하게 확정하신 것입니다.

　인간의 독기와 살기가 묻은 이성을 극대화하여 발전시킨 기독교 현대문명의 모든 적폐가 지구의 혈자리인 한반도에 몰려들어, 미중패권과 남북대결의 극한점에서, 북사도 전란과 남군산 병겁으로 폭발합니다. 이제 남북에서 마주 터지는 북사도 전란과 남군산 병겁이 가시권에 들어왔습니다. 시천주 봉태을의 태을도 대시국이 살 길입니다.

　인류 초유의 죽음이 천지를 진동하며 쓰나미처럼 밀려오고 있습니다. 코로나 팬데믹에 이어 천연두가 대발하면, 인류 전멸의 급살병이 터집니다. 동서양의 모든 의술은 완전히 무용지물이 됩니다. 병이 있으면 약이 있습니다. 오직 태을주 의통일 뿐입니다. 태을도 방방곡곡, 태을도인 방방곡곡, 태을주 방방곡곡, 대시국 방방곡곡입니다.

2. 대한민국 비상사태, 대시국 의통계엄

대선생께서 말씀하시기를 "때가 오면, 천하에 큰 병이 발생하여 인간 세상이 가히 전멸하리라. 너희들은 마음을 닦고 태을주를 읽어 생명을 살려 통일해야 하느니라." 제자가 여쭙기를 "세상에 전해오는 말에 '백 명의 조상 중에 한 명의 후손이 산다'는 말이 있고, '전쟁도 아니고 굶주림도 아닌 데, 길에 시체가 쌓여 있다'는 말도 있고, '병으로 만 명이 죽으면, 굶주림으로 천 명이 죽고, 전쟁으로 백 명이 죽는다'는 말도 있는데, 그 말들이 이를 두고 하는 것이나이까." 대선생께서 이르시기를 "선천에 악업이 쌓여 그 절정에 이르러서는, 천하의 병을 양산하야 마침내 괴질이 되느니라. 봄여름에는 병이 없다가, 봄여름의 마지막에 이르러 가을로 절기가 바뀔 때에 병세가 발작하나니, 바야흐로 천지의 대운이 큰 가을의 운수에 접어들었느니라. 천지의 일 원一元이 가을 운수를 당하야, 선천의 마지막에 가을 운수가 이르러 큰 병이 대발하고, 선천의 여러 악이 천하의 큰 난리를 만들어 내나니, 큰 난리 끝에 큰 병이 대발하야 전 세계에 퍼지면, 피할 방도가 없으며 치료할 약도 없으리라."

(이중성, 『천지개벽경』 pp.230-231)

경천동지할 일이 점점 가까이 다가오고 있습니다. 일찍이 경험하지 못한 꿈같은 현실이 가시화되고 있습니다. 인류 초유의 병란병란兵亂病亂입니다. 급살병은 자다 죽고, 먹다 죽고, 오다가다 죽는 초급성 괴질입니다. 전 인류의 독기와 살기가 온갖 종교와 문명과 문화를 지어, 지구의 혈자리인 한반도로 몰려들고 있습니다. 인간의 독기와 살기를 극대화한 이성으로 쌓아 올린 기독교 현대문명이 신도를 무시하고 인간의 교만심과 폭력성을 부추겨, 인류 진멸의 대재앙으로 질주하고 있습니다. 기독교 현대문명의 빛과 그림자인 자유민주주의와 공산전체주의가 한반도 남북으로 유입되어, 삼팔선을 경계로 미중패권과 남북대결의 극한점에서, 북사도 전란과 남군산 병겁으로 폭발합니다.

밖에서 안으로 욱여드는 천지도수 따라 발발하는 평양발 북사도 전란과 군산발 남군산 병겁입니다. 천하가 도탄에 빠지면 하나님 도로써 구해 내고, 천하가 혼란에 휩싸이면 하나님 나라가 선포됩니다. 하나님으로 오신 증산상제님이 밝혀 주신 하나님 도가 태을도요, 하나님 나라가 대시국입니다. 평양과 군산을 중심으로 한반도 남북에서 동시에 시작되어, 전 세계로 확산되는 병란병란의 아비규환 속 상황에서는, 기존 대한민국과 각국의 안보 및 의료 비상조치로는 도저히 대처할 수 없습니다. 대한민국과 세계 각국이 한순간에 겪게 되는 급살병 팬데믹 비상사태로 접어들면, 태을도 대시국 의통계엄이 발동되어 60만 태을도인 의통군이 출진하여 전 인류를 구해 통일합니다.

후천개벽기는 크게 혁신하고 크게 건설하는 대혁신 대건설의 시기입니다. 성인의 심법과 영웅의 도략이 필요한 때입니다. 선천 오만 년을 이어 온 상극의 금수세상을 마감하고 후천 오만 년을 이어 갈 상생의 태을세상이 열리는 후천개벽기에, 급살병으로 죽어가는 전 인류를 구하여 통일하는 태을도 대시국 건방설도 의통성업을 완수하기 위해서는, 대인대의 충성정직한 성웅겸비의 태을도인이 되어야 합니다. 증산상제님이 인정해 주신 표상이, 삼계병마대권자인 관운장과 만국대장 신대장인 박공우입니다. 단주가 천명을 받들어, 1998년 태을도가 공식 기두하고 2016년 대시국이 출범하여, 북사도 전란과 남군산 병겁에 대비한 속육임 의통군 60만을 조직하고 있습니다.

3. 한반도 바둑판의 총결론

장근을 명하여 식혜 한 동이를 빚어 넣으라 하사, 이날 밤 초경에 식혜를 널버기에 담아서 잉경 밑에 넣으시고 가라사대 "회문산에 오선위기혈이 있으니 이제 바둑의 원조 단주의 해원도수를 이곳에 부쳐서 조선국운을 돌리려 하노라. 다섯 신선 중에 한 신선은 주인이라 수수방관할 따름이요. 네 신선은 판을 대하여 서로 패를 들쳐서 따먹으려 하므로, 시일만 천연하고 승부가 속히 나지 아니한지라. 이제 최수운을 청해와서 증인으로 세우고 승부를 결정하려 하노니, 이 식혜는 곧 최수운을 대접하려는 것이로다. 너희들 중에 그 문집에 있는 글귀를 아는 자가 있느냐." 몇 사람이 대하여 가로대 "기억하는 귀절이 있나이다." 증산상제님께서 양지에 '걸군굿 초라니패 남사당 여사당 삼대치'라 쓰시며 가라사대 "이 글이 주문이라. 외울 때에 웃는 자가 있으면 죽으리니 주의하라." 또 가라사대 "이 글에 고저청탁의 곡조가 있나니, 외울 때에 곡조에 맞지 아니하면 신선들이 웃으리니 곡조를 잘 마치어라." 하시고, 상제님 친히 곡조를 마추어 읽으시며 모두 따라 읽게 하시니, 이윽고 찬 기운이 도는지라. 상제님 읽기를 멈추시고 가라사대 "최수운이 왔으니 조용히 들어보라." 하시더니, 문득 잉경 위에서 "가장이 엄숙하면 그런 빛이 왜 있으리."라고 외치는 소리가 들리거늘, 가라사대 "이 말이 어디 있나뇨." 한 사람이 가로대 "수운가사에 있나이다." 상제 잉경 위를 향하야 두어 마디로 알아듣지 못하게 수작하신 뒤에 가라사대 "조선을 서양으로 넘기면 인종이 다르므로 차별과 학대가 심하여 살아날 수 없을 것이요, 청국으로 넘기면 그 민중이 우둔하여 뒷감당을 못할 것이오, 일본은 임진

난 후로 도술신명들 사이에 척이 맺혀 있으니 그들에게 넘겨주어야 척이 풀릴지라. 그러므로 그들에게 일시 천하통일지기天下統一之氣와 일월대명지기日月大明之氣를 붙여 주어 역사를 잘 시키려니와, 한 가지 못 줄 것이 있으니 곧 어질 인仁자라. 만일 어질 인자까지 붙여 주면 천하는 다 저희들의 것이 되지 않겠느냐. 그러므로 어질 인仁자는 너희들에게 붙여 주노니, 오직 어질 인자를 잘 지키라. 너희들은 편한 사람이오, 저희들은 곧 너희들의 일꾼이니, 모든 일을 분명하게 잘하여 주고 갈 때에는 품삯도 못 받고 빈손으로 돌아가리니, 말 대접이나 후하게 하라."

(『대순전경』 ɔp.204-205)

구한말 4대 열강이 조선을 차지하기 위해 각축을 벌였습니다. 일본은 조선땅에서 다섯 신선이 바둑을 두는 바둑판의 승자가 되어 1910년 조선을 차지합니다. 일본 명부대왕인 최수운이 보증을 섰습니다. 일본은 35년 동안 조선을 근대화시키는 일꾼의 역할을 충실히 하고, 그 역할이 끝나자 1945년 미국에 의해 빈손으로 물러갑니다. 38선 이남은 미 군정 3년 후, 미국의 도움으로 1948년 이승만에 의해 자유민주주의 대한민국이 건국되었습니다. 그러나 38선 이북은 소련 군정 아래, 소련의 꼭두각시인 김일성이 무단 점거하여 공산전체주의 조선민주주의인민공화국이 들어섰습니다.

1991년 소련 공산당이 망하자 중공이 공산주의 패권국이 되어 김일성 북조선의 뒷배가 되었습니다. 한반도에 유입된 기독교 현대문명의 빛과 그림자인 자유민주주의와 공산전체주의가, 미중패권과 남북대결의 극한점에서 북사도 전란과 남군산 병겁으로 폭발합니다. 그 구체적인 형태가 전 인류를 진멸시키는 북사도 전란과 남군산 병겁입니다. 천하가 도탄에 빠지면 도로써 구하고, 천하가 재앙에 처하면 나라가 나옵니다. 증산상제님이 천지공사로 확정하신 그 도가 태을도요, 그 나라가 대시국입니다. 한반도 오선위기 바둑판의 총결론은 태을도와 대시국입니다.

4. 증산정치와 통일정국

임인1902년 가을 그월 모일 모시에, 대선생이 하운동여 계시사 천지대신문을 여시고 천지대공사를 행하시니라. 동서양의 신구 서적을 비치해 놓으사, 통감으로 신명에게 명을 내리시고, 해동명신록으로 신명에게 명을 너리시고, 신약전서로 신명에게 명을 너리시고, 관매점서로 신명에게 명을 내리시고, 자전으로 신명에게 명을 내리시고, 사요로 신명에게 명을 내리시고, 나머지 여러 서적으로 또한 신명에게 명을 내리시니, 여러 날에 걸쳐 행하시니라. 대선생께서 말씀하시기를 "간편하고 쉬운 문자로 천하에 통용되게 하리니, 그런고로 내 세상에는 유식 무식이 없느니라." 또 이르시기를 '내가 이 세상에 올 때에, 천지의 정사를 천조에게 맡겨 대신 섭리하게 하였으나, 신축1901년 이래로 내가 직접 맡아 다스리느니라. 나는 어묵동정이 천지공사 아닌 것이 없어서 쉴 틈 없이 바쁘거늘, 세상 사람은 이를 모르느니라."

(이중성, 『천지개벽경』 pp.60-61)

통일정국을 알려면 증산정치를 알아야 합니다. 근대문명의 빛과 그림자가 한반도 남북에 자리 잡았습니다. 기독교·자유민주·시장경제 대한민국과 공산주의·수령노예·수탈경제 북조선입니다. 산업혁명을 통해 근대문명을 이룩한 정치이념이 캘빈의 프로테스탄티즘 자본가 정신이요, 이에 대항하여 일어난 산업혁명·근대문명의 부정적 유산이 카르크스유물론·계급투쟁·공산주의입니다.

마르틴 루터가 1517년 95개조 반박문을 통해 상징적인 종교개혁을 시작했지만, 실질적인 종교개혁은 1536년 장 칼빈의 '그리스도교 강요' 발표로 시작되었습니다. 루터의 종교개혁은 낭만적·공상적이었고, 칼빈의 종교개혁은 과학적·현실적이었습니다. 공산주의도 마찬가지로, 로버트 오웬이나 생시몽, 프리에는 공상적·낭만적 공산주의자였고, 마르크스는 과학적·현실적 공산주의자였습니다.

   칼빈의 종교사상을 배경으로 해서 일어난 것이 영국의 산업혁명과 자유민주·시장경제의 근대문명입니다. 산업혁명에서 열악한 노동자들의 근로환경에 자극받아 이론을 구축한 마르크스의 공산주의가, 레닌의 볼셰비키 공산혁명을 통해 정권을 장악하여 소비에트 연방(소련)을 건설하게 됩니다. 근대문명을 이룩한 개신교의 대표가 미국이요, 근대문명에 저항한 공산주의 대표가 소련입니다.

   1948년에 한반도 삼팔선을 중심으로, 남쪽에는 근대문명의 빛을 발하는 대한민국이 들어섰고, 북쪽에는 근대문명의 어둠을 추종하는 김씨 왕조가 들어서서 70년 동안 체제경쟁을 해 왔습니다. 소련은 종주국인 러시아에서 공산당이 70년 만에 불법화되면서 연방이 해체되어 망했으며, 소련이 망한 이후 공산주의 종주국이 된 중공도 내부모순에 의해 70년 만에 붕괴되어 가고 있고, 북한도 북핵과 삼대 세습의 병폐로 자멸하고 있습니다.

   근대문명의 어둠만을 추종하는 공산주의는 70년이란 운명의 수 앞에 생명력을 다하고 있습니다. 중국의 시진핑과 북조선의 김정은과 대한민국의 문재인은 공산주의로 연결된 운명공동체입니다. 어둠의 세력은 빛의 세력을 이길 수 없지만, 마지막에는 전쟁으로 귀결되게 됩니다. 미국과 중국의 패권경쟁이 북사도 전란으로 발전하고, 이를 막는 것이 남군산 병겁인 것입니다.

근대문명의 빛과 그림자는 선천 상극지리의 산물입니다. 기독교를 통해 근대문명을 개막하여 지상천국을 건설하려 했던 이마두 신부는, 근대문명의 빛과 그림자가 결국은 전란과 병겁으로 발전할 것을 알고, 증산상제님께 인류를 구원해 달라고 하소연하였습니다. 독기와 살기가 전란과 병겁을 초래하기에 독기와 살기를 풀어 없애는 인간개조 인간사업이 절대적으로 필요합니다.

천하가 도탄에 빠지면 도로써 구해 냅니다. 기독교나 공산주의 둘 다 상극의 틀을 벗어날 수 없기에, 한반도로 집중된 기독교와 공산주의가 맞부딪치면 북사도 전란과 남군산 병겁으로 발전하여 전 인류를 진멸시키게 되므로, 천하 창생을 살리기 위해 상생의 진리인 태을도가 나왔습니다. 태을도를 만나 마음 닦고 태을주를 읽어 독기와 살기를 풀어 없애는 태을도인이 되어야 목숨을 부지할 수 있습니다.

5. 인류 멸망과 인류 구원

어느 날 공사를 보시며 가라사대 "이후에 병겁이 침입할 때 군산 개복에서 시발하여 폭발처로부터 이레 동안 뱅뱅 돌다가, 서북으로 펄쩍 튕기면 급하기 이를 바 없으리라. 이 나라를 49일 동안 싹 쓸고, 외국으로 건너가서 전 세계를 3년 동안 쓸어버릴 것이니라."

(정영규, 『천지개벽경』 p.327)

상극의 금수세상이 마감되고 상생의 태을세상이 열리는 후천개벽기에, 인간의 독기와 살기가 인간을 진멸지경으로 몰아넣고 있습니다. 기독교 현대문명은 인간의 독기와 살기가 묻은 이성으로 쌓아 올린 것입니다. 인간의 독기와 살기를 풀어 없애지 않고는, 기독교 현대문명은 결국 인류 멸망이라는 대재앙으로 귀결됩니다. 천상에서 기독교 현대문명을 주도한 이마두 신부는 그것을 뒤늦게 깨닫고, 증산상제님께 인류 구원을 하소연했습니다.

천하가 도탄에 빠지면 새로운 도로써 구해 내고, 천하가 혼란에 휩싸이면 새로운 나라가 선포됩니다. 증산상제님이 인류 구원을 위해 선포하신 그 도가 태을도요, 그 나라가 대시국이요, 그 도인이 태을도인이요, 그 법방이 태을주입니다. 기독교 현대문명의 빛과 그림자인 자유민주주의와 공산전체주의가 지구의 혈자리인 한반도에 집결하여 북사도 전란과 남군산 병겁으로 폭발합니다. 태을도 방방곡곡, 태을도인 방방곡곡, 태을주 방방곡곡입니다.

6. 단주수명 도술약국, 대시국 의통구호대

> 약장은 아래에 큰 칸을 두고 그 위에 빼닫이 세 칸이 가로 있고, 또 그 위에 내려 셋 가르 다섯, 합하여 열다섯十五 빼닫이 칸이 있는데, 한가운데 칸에 「丹朱受命단주수명」이라 쓰시고 그 속에 목단피를 넣고 또 「烈風雷雨不迷결풍뇌우불미」라 쓰시고 또 「太乙呪태을주」를 쓰셨으며, 그 윗칸에는 천화분 아랫칸에는 금은화를 각각 넣고, 양지를 오려서 칠성경七星經을 외줄로 내려쓰신 뒤에 그 끝에 「禹步相催登陽明우보상최등양명」이라 가로 써서 약장 위로부터 뒤로 넘져서 내려 붙였으며, 궤 안에는 「八門遁甲팔문둔갑」이라 쓰시고 그 글자를 눌러서 「舌門설문」 두 자를 불지짐하신 뒤에, 그 주위어 스물넉 점을 붉은 물로 돌려 찍으시니라.
>
> (『대순전경』 pp.239-240)

괴질역병 팬데믹이 점점 강도를 더해 진행되고 있습니다. 코로나에 이어 천연두가 대발하면 급살병이 터집니다. 선천 상극의 금수세상을 최종적으로 정리하고 후천 상생의 태을세상을 새롭게 여는 급살병이 대전란과 더불어 발발합니다. 마음심판 천심자선택 태을추수의 급살병입니다.

인간의 독기와 살기가 묻은 이성을 극대화시킨 기독교 현대문명의 빛과 그림자인 자유민주주의와 공산전체주의가 지구의 혈자리인 한반도에 유입되어, 삼팔선을 경계로 벌어지는 미중패권과 남북대결의 극한점에서 북사도 전란과 남군산 병겁이 폭발합니다. 병란병란의 천하동변이 휘몰아치는 칠흑 같은 어둠 속에서는, 횃불을 든 사람을 따라가야 목숨을 부지합니다.

천하가 도탄에 빠지면 도로써 구해 내고, 천하가 재앙에 휩쓸리면 새로운 나라가 선포됩니다. 그 도가 태을도요, 그 도인이 태을도인이요, 그 법방이 태을주요, 그 나라가 대시국입니다. 2021년 신축년 동지에 천명을 받들어 시천주 봉태을 하는 태을도인들이 태을도 대시국 의통구호대를 출범시켰습니다. 천하 창생들의 마음을 살펴 생사판단을 합니다.

증산상제님은 전주 동곡에 〈단주수명 태을주〉 도술약국을 차려 천하 창생의 생사를 판단하는 천지공사를 보시어, 상생의 도로 세계일가의 꿈을 이루지 못했던 요임금의 아들 단주를 이 세상에 태워 내서, 급살병으로 진멸지경에 박도한 천하 창생을 태을주로 살려, 세계일가통일정권인 대시국을 건설하도록 하셨습니다.

7. 설마가 현실로

증산상제님께서 말씀하시기를 "유비무환有備無患이요 두비유환無備有患이라 하나니, 천하사를 하는 사람이 준비를 충분히 하고 있으면 근심될 일이 없지만, 준비가 철저하지 못하면 걱정할 일이 있는 법이니라." 증산상제님께서 하루는 동곡에 계시더니, 제자에게 명을 내려 "오늘밤에 일본 헌병이 혹시 잡으러 올지 모르니, 너는 길옆에 지키고 서서 밤새 주위를 잘 살피거라." 제자가 명을 받고 밤새도록 경계를 하였으나 종시 아무런 흔적도 보이지 않으므로 아침에 날이 밝자 보고드리거늘, 증산상제님께서 크게 기뻐하시고 칭찬과 위로의 말씀을 하시며 "천하사를 하는 사람은 항상 불시에 적이 침입할 것에 대비하여야 하나니, 방심하여 마음을 놓고 태만히 하다가는 갑자기 들이닥치는 적의 침입에 속수무책이 되느니라." 증산상제님께서 이르시기를 "무너지는 기와장과 같은 신세에서는 병략의 신선이라 불리는 한신이라도 어찌할 수 없고, 두 손이 묶여 있는 땅에 들어가서는 제갈공명의 신술묘법이라도 벗어날 도리가 없느니라."

(이중성,『천지개벽경』pp.259-260)

천연두는 급살병의 전령사입니다. 국내외적으로 병란병란이 점점 그 정도를 더해 가고 있습니다. 천하대세가 전 세계 인류를 생사판단하는 막다른 국면으로 접어들고 있습니다. 지금은 선천 상극세상이 정리되고 후천 상생세상이 열리는 후천개벽기입니다. 독기와 살기로 살아온 상극인간이 대청소되고 생기와 화기로 살아갈 상생인간만이 살아남습니다. 상생세상이 열리는 후천개벽기에는 독기와 살기의 상극인간이 불러온 대전란과 대병겁이 반드시 발발합니다. 그 출발이 지구의 혈자리인 한반도에서 벌어지는 북사도 전란과 남군산 병겁입니다. 상극의 그 어떤 정치시스템과 의료시스템으로도 북사도 전란과 남군선 병겁을 결코 막아 낼 수가 없습니다.

나라에는 전쟁발발에 대비하는 군인이 있습니다. 국가 안보의 최종 책임자는 군인입니다. 군인은 언제라도 전쟁터에 나갈 준비를 하고 있어야 합니다. 철통같은 안보태세가 완비되어 있어야 전쟁에서 나라를 보존하고 국민의 생명을 지킬 수 있습니다. 이 땅에는 급살병 발병에 대비하는 사람이 있습니다. 인류구원의 최종 책임자는 태을도인입니다. 태을도인은 언제라도 의통터에 나갈 준비를 하고 있어야 합니다. 항상 빈틈없는 의통 준비를 하고 있어야 급살병에서 나라를 안돈시키고 사람의 목숨을 구할 수 있습니다. 유비무환 무비유환입니다. 태을도인으로서 사명감을 갖고 의통성업의 임무에 충실하기 위해서는 확인 또 확인, 훈련 또 훈련을 해야 합니다.

8. 군산발 급살병 대시국 의통군 60만

"내 세상어 관운장이 삼계병마대권三界兵馬大權을 가졌느니라. 내 세상에 운장이 성제군의 반열에 오르느니라. 지금의 운장은 재조와 지략 때문이 아니요 오직 의리일 뿐이니, 천지간에 의로움같이 큰 것이 없느니라. 나는 가을 서릿발 같은 절개와 작렬하는 태양과 같은 충성을 사랑하느니라 사람이 의로운 말과 의로운 행동을 하면 천지도 진동하느니라. 하늘이 능히 못할 것이 없지만 오직 의로운 사람에겐 불가능한 것이 있느니라. 나는 천지의 보배를 갖지 않은 것이 없지만 의로움을 보배로 삼노라. 만약 의로운 일심자가 있다면 내가 비록 서촉에 있을지라도 반드시 찾아 만나리라."

(이중성, 『천지개벽경』 pp.42-43)

나라에 전쟁이 임박하면 전시체제로 돌입합니다. 북사도 전란과 남군산 병겁이 임박하여 의통체제로 돌입합니다. 천하가 도탄에 빠지면 도로써 구하고, 천하가 재앙에 처하면 나라가 선포됩니다. 천지부모님이 모사재천으로 확정하신 그 도가 태을도요, 그 나라가 대시국입니다.

대시국이 2016년 12월 21일 동지에 성사재인하여 출범하였습니다. 천지부모님으로부터 의통천명을 받은 단주가, 천지부모님의 마음을 전하는 속육임으로 조직하는 태을도 대시국 의통군 60만입니다. 삼계병마대권자 관운장의 책임 아래 만국대장 박공우가 24장과 28장을 지휘하여 속육임 60만 신병을 조직합니다. 신병이 곧 인병입니다.

9. 52장과 60만 의통군

무신1908년 여름에 증산상제님께서 대흥리에 계시더니, 칙령을 '二十四將이십사장 二十八將이십팔장'이라 쓰시고, 공우의 팔을 들어 올리시고 흥겨워 마당을 거닐으시며, 큰 소리로 "만국대장萬國大將에 박공우朴公又!"라고 명하시니라. 공우 기쁨을 이기지 못하여 평생소원을 이루었다 생각하여 부지불식간에 어깨가 으쓱해지거늘, 경석은 옆에 있다가 안색이 변하니라. 조금 있다가 증산상제님께서 "신대장神大將에 박공우!"라고 말씀하시니, 공우가 생각하되 혹시 죽어서 장수가 되는 것이 아닌가, 내심 불안하였느니라.

(이중성, 『천지개벽경』 pp.442-443)

천하가 도탄에 빠지면 도로써 구해 내고, 천하가 혼란에 휩싸이면 새로운 나라가 선포됩니다. 그 도가 태을도요, 그 도인이 태을도인이요, 그 법방이 태을주요, 그 나라가 대시국입니다. 나라에는 안보의 최후 보루인 군대가 있기 마련입니다.

북사도 전란 남군산 병겁이 임박한 가운데, 천상군대와 지상군대가 신인합일하는 대시국 의통군이 나옵니다. 신병神兵이 인병人兵입니다. 천상의 박공우가 만국대장으로서 24장과 28장을 지휘하여, 그들과 심법·기국이 통하는 지상의 태을도인 장군들과 협력하여 의통군을 조직하여 의통성업을 진행합니다. 장군 1인당 1만 2천 명을 거느리기에, 52장이면 대략 60만 군사입니다. 현재 대한민국 군대의 군인 수와 비슷합니다.

10. 천지부모님의 의통일꾼, 태을도인

하루는 증산상제님께서 말씀하시기를 "후천 선경세상에는 태을주가 천지에서 가장 지존한 존재요 영세무궁토록 읽어야 하는 것이 되리니, 집집 마을마다 모두 태을주 읽는 소리로 가득 찰 것이요, 학교마다 태을주를 읽게 되어, 천하에 태을주 읽는 소리가 가득 하리라." 하시니라.

(이중성, 『천지개벽경』 p.434)

운수는 좋건마는 목 넘기기가 어렵다고 했습니다. 북사도 전란과 남군산 병겁이 바로 눈앞에 다가왔습니다. 아는 사람은 눈짓간 해도 알고, 모르는 사람은 쥐여 줘도 모릅니다. 독기와 살기를 풀어 없애야 알아보는 눈이 열리고, 들을 수 있는 귀가 트입니다. 천하가 도탄에 빠지면 도로써 구해 내고, 천하가 재앙에 휩싸이면 새로운 나라가 선포됩니다. 그 도가 태을도요, 그 도인이 태을도인이요, 그 법방이 태을주요, 그 나라가 대시국입니다.

천지에서는 완전히 죽이는 법은 없습니다. 병이 있으면 약이 있습니다. 살 길은 열렸지만, 삼생의 인연과 조상의 음덕이 있어야 닫나는 것입니다. 칠흑 같은 어둠 손에서는 횃불을 든 사람을 따라가야 목숨을 부지합니다. 세계 그 어느 국가도 급살병에 온전히 대처할 수 없습니다. 태을도 대시국이 천지부모님이 마련한 유일무이한 방책입니다. 의통일꾼 태을도인들이 천지부모님의 의통천명을 받고 출세하여, 태을주로 천하 창생을 살려 통일합니다.

11. 1%의 가능성, 100%의 준비

하루는 대선생께서 동곡에 계시더니 한밤중인 삼경에 이르러 말씀하시기를 "모두 잠자리에 들거라." 하시니, 제자들이 명을 받들어 모두 옷을 벗고 깊은 잠에 빠졌더라. 그런데 사경에 이르러 대선생께서 창졸간에 놀래고 겁먹은 표정으로 급히 명을 내리시기를 "빨리 밥을 하거라." 하시니라. 제자들이 명을 받들어 밥을 하려고 겨우 불을 붙였는데, 또 급히 명하시기를 "빨리 밥을 지어 가져오거라." 하시니, 제자들이 고하기를 "이제 겨우 물을 붓고 불을 붙여서 아직 밥이 되지 않았나이다." 하니, 대선생께서 놀래고 두려워하는 목소리로 "커다란 화가 목전에 당도하여 상황이 화급하거늘, 어찌 밥이 다 되기를 기다리겠느냐." 제자들이 명을 받들어 익지 않은 생쌀을 드리니, 겨우 몇 수저를 들었는데 놀라서 어쩔 줄 몰라 하시며 급하게 떨리는 목소리로 "일본 헌병이 우리를 체포하려고 문밖에 당도하였으니 모두 각자 살길을 도모하라." 하시며, 황망스럽고 바쁜 발걸음으로 먼저 피해 달아나시더라.

제자들이 혼비백산하여 대선생 뒤를 따르며 애절하게 고하기를 "살길을 가르쳐 주소서." 하니, 대선생의 목소리가 떨리고 말씀이 촉급하사 "나도 역시 내 목숨을 구할 겨를이 없는데, 어느 틈에 너희들의 목숨을 구해주겠느냐." 하시니라. 다행히 일본 헌병이 물러가자, 제자들이 대선생께 여쭙기를 "바야흐로 천하의 정세가 일본의 세력이 방자하게 밀려들어 와 대한제국의 운명이 장차 기울어가니, 국내외에 여론이 비등하야 지사는 의를 세워 일어나고 불의한 자는 도적질을 일삼으니, 일본 헌병이 위세를 부려 사람의 목을 치니 마치 초목을 베는 것과 같아, 상황이 누란의 위기에 처하여 참으로 위태위태하 옵거늘, 이러한 때를 당하야 대선생께서는 일본헌병이 이곳으로 체포하려고 올 것을 미리 헤아리시고, 시간이 촉박하고 제자들이 혼비백산하여 의기일발의 상황에 처한 순간에 간신히 구해주어 일본 헌병을 그냥 돌아가게 하시니 무슨 까닭이나이까-."

대선생께서 기뻐하사 크게 웃으시며 이르시기를 "하나는 너희들의 신심을 시험해 보고자 한 것이요, 또 하나는 너희들을 조심시키기 위함이니라. 천하의 모든 병사가 모두 몰려올지라도 내가 능히 막을 수 있고, 천하의 중생들이 모두 위기에 빠질지라도 내가 능히 구해 낼 수 있으리니, 내가 그 무엇을 두려워하겠느냐. 천하사를 하는 사람은 항상 길고 멀리 보며 생각을 가다듬어야 하고, 또한 언제 어느 때든 불시에 닥칠 일을 준비하고 있어야 하느니라. 편안할 때 위급함을 생각하고, 위급한 가운데서도 편안함을 구해야 하느니라. 나는 너희들에게 이를 돌이켜 살피고 경계하게 하노라."

(이중성, 『천지개벽경』 pp.255-258)

나라를 지키는 최후 보루가 국군입니다. 국군이 전쟁에 지면, 나라는 망합니다. 국군은 1%의 전쟁 가능성만 있어도 100%의 철통같은 준비를 합니다. 국군은 지금 당장 전쟁이 일어나도 싸울 수 있는 훈련이 되어 있어야 합니다. 대한민국 국군이 60만 정도 됩니다. 급살병에서 천하 창생을 살리는 최후 보루가 태을도 대시국 태을도인입니다. 태을도 대시국 태을도인 의통군 60만이 필요합니다. 만국대장 박공우 신대장이 지휘하는 24장 28장과 신인합일합니다.

북사도 전란과 남군산 병겁이 눈앞에 다가왔습니다. 밖에서 안으로 욱여드는 병란병란의 천지도수에 천하대세를 잘 살펴야 합니다. 지금은 태을로 원시반본하는 후천개벽기입니다. 태을도는 원시반본의 도요, 태을주는 원시반본의 주문이요, 태을도인은 원시반본의 사람입니다. 태을세상을 여는 급살병입니다. 급살병의 운수에 태을을 잡아야 삽니다. 마음심판 천심자선택 태을추수 급살병에 태을도 방방곡곡, 태을주 방방곡곡, 태을도인 방방곡곡입니다.

12. 개벽과 의통, 새 천지 새 인간

하루는 증산상제님께서 말씀하시기를 "후천 선경세상에는 태을주가 천지에서 가장 지존한 존재요 영세무궁토록 읽어야 하는 것이 되리니, 집집 마을마다 모두 태을주 읽는 소리로 가득 찰 것이요, 학교마다 태을주를 읽게 되어, 천하에 태을주 읽는 소리가 가득 하리라." 하시니라.

(이중성, 『천지가벽경』 p.434)

이제는 시대와 주역이 완전히 바뀌었습니다. 태을의 새 하늘 새 땅이 열렸습니다. 태을의 새 신명 새 인간이 나왔습니다. 태을하늘 태을땅에 태을신명 태을인간입니다. 증산상제님께서는 태을궁의 천지대신문을 여시고, 태을의 새 하늘과 새 땅에 태을의 새 신명 새 인간이 살 수 있도록 천지공사를 보셨습니다.

태을의 새 하늘 새 땅이 열리는 후천개벽기에는, 상생운수 따라 천지인 삼계에 태을이 훤히 드러납니다. 증산상제님께서는 태을로 원시반본하는 후천개벽의 천지이치를 도수로 이화하고 기회를 인사로 만들어, 상생의 태을세상이 성사재인되도록 하셨습니다.

그 운수에 합당한 진리가 있고, 그 운수를 맡을 사람이 있습니다. 증산상제님에 의해 태을도가 선포되고 태을도인이 출세하여 태을세상을 열어갑니다. 후천개벽기는 상생개벽과 태을개벽의 시기이기에, 마음심판 천심자선택 태을추수의 급살병으로 상생의 태을도인만을 추수합니다.

상극의 금수인간을 심판하여 정리하는 개벽開闢에는 상생의 태을도인을 살려서 통일하는 의통醫統이 뒤따르게 됩니다. 태을시대 태을개벽 태을의통에, 태을도 방방곡곡 태을주 방방곡곡 태을도인 방방곡곡입니다. 태을도를 받드는 태을도인이 되는 그날이 후천의 생일날입니다.

13. 강증산 의통천명, 단주수명 태을주

> 기유1909년 유월, 공사를 보시며 가라사대 "한 사람이 한마음이면 한 사람이 나를 볼 것이요, 천하 사람이 한마음이면 천하 사람이 나를 보리라." 하시었다 하니라.
>
> (정영규, 『천지개벽경』 p.335)

증산甑山이 곧 진산珍山이요, 진산이 곧 증산입니다. 증산상제님께서는 태을궁의 마음문만을 열어놓고 오직 마음만을 살펴보신다고 말씀하셨습니다. 마음심판 천심자선택 태을추수의 급살병에, 마음이 관건 중의 관건입니다.

마음줄이 생명줄이고 도통줄이고 의통줄입니다. "내 마음이 네 마음이요, 네 마음이 내 마음이니라." 증산의 마음이 진산의 마음이요, 진산의 마음이 증산의 마음입니다. 증산과 진산은 이심전심으로 천하 창생들의 마음을 심판하여 천심자를 골라 태을을 추수하는 급살병을 극복하고, 태을을 용사하는 지심대도술시대를 열어 갑니다.

고수부님께서 증산상제님의 〈단주수명 태을주〉의 천지공사를 감리하여 천지에 선포하는 신정공사를 보셨습니다. 〈증산소유 단주수명〉입니다. 진산을 찾아야 증산을 만나게 됩니다. 〈증산소유 단주수명〉이 곧 〈증산소유 진산수명〉입니다.

진산은 천지부모님에 의해 재생신된 단주입니다. 1995년 천지부모이신 증산상제님과 고수부님이 금산 하옥리에 오시어 진산에게 천명을 내리셨습니다. 진산은 천지부모님의 적장자요, 대행자입니다. 태을도를 펴서 태을주로 천하창생을 살려 대시국을 건설합니다. 강증산 의통천명, 단주수명 태을주입니다.

14. 황극신이 광서제에서 단주로

대선생께서 말씀하시기를 "나는 천하만방의 둔명신을 거느리고 조화정부를 열었느니라. 천지만신이 나를 원하여 추대하니, 나는 후천의 당요이니라. 국호는 대시大時라 칭할 것이니라." 족보와 공명첩을 불사르시며 "족보가 나로부터 다시 시작되고, 공명이 나로부터 다시 시작되느니라."

(이중성, 『천지개벽경』 pp.30-31)

천자에게 응기한 신이 황극신입니다. 천자는 지상에서 천주이신 옥황상제님을 대행하는 만둥제왕입니다. 요임금으로부터 시작되어 순임금으로 황극신이 응기되어 청국 광서제까지 이어져 내려왔습니다. 요임금의 아들 단주가 대위를 이어받았으면 황극신이 응기하여 세계일가통일정권을 건설했을 것입니다.

단주는 능력이 있고 총명하였지만, 요임금이 순임금에게 대위를 물려주었기에 황극신이 응기하지 않아, 세계일가통일정권의 꿈을 이루지 못한 채 철천지 원한을 맺고 죽었습니다. 증산상제님은 단주에게 황극신을 응기시켜 만둥제왕 천자에 오르게 하시어 세계일가통일정권의 꿈을 이루어 주셨습니다.

증산상제님은 청국 광서제에게 응기한 황극신을 거둬 단주에게 옮기고, 태을주 의통천명을 내리는 천지공사를 보셨습니다. 단주가 태을주로 천하창생을 구하여 세계일가통일정권인 대시국을 건설합니다.

15. 성리에 충실하고 경위에 밝아야

"신앙은 성리性理와 더불어 해야 되나니, 분리한 즉 미신迷信이 되느 니라."

(정영규, 『천지개벽경』 p.264)

천지만사는 신명이 들어야 설계가 되고, 인간이 역사해야 이루어집니다. 천지만사는 신명을 조화하여 모사재천하고, 인간을 기틀 지어 성사재인합니다. 지금은 상생의 태을세상이 열리는 후천개벽기요, 태을로 원시반본하는 원시반본기입니다. 태을로 원시반본하는 후천개벽기에 천지부모님이 오셔서, 태을도를 통해 천하 창생에게 마음 닦고 태을주를 읽혀 태을도인으로 재생신시켜, 급살병에서 살려 통일하여 세계일가통일 정권인 대시국을 건설합니다.

천하 창생의 아버지이신 증산상제님께서는 천지인 삼계를 직접 주재하시어 천지도수를 짜는 천지공사를 보셨고, 천하 창생의 어머니이신 고수부님께서는 증산상제님이 확정하신 천지도수를 감리하는 신정공사를 보셨습니다. 천지부모님의 진리의 아들로 재생신된 단주는 천지부모님으로부터 의통천명을 받고, 태을도인들을 데리고 천지부모님이 모사재천하신 천지도수 따라 세계일가통일정권인 태을도 대시국을 성사재인해 나가고 있습니다.

천지부모님이 모사재천하신 천지도수는 기사묘법으로 짜여진 것이 아니기에, 마음의 중심을 잃어 기사묘법을 찾으면 성리를 벗어나고 경위에 어긋나서 허랑방탕하게 됩니다. 천지부모님께서는 천지인 삼계의 성리를 밝히고 경위를 세워 천리를 이화하고 인사의 기회를 만드는 천지도수를 확정하신 것이기에 태을도인들이 천지부모님의 마음과 마음씀을 배워서 성리에 충실하고 경위가 밝아야, 태을도 대시국 건방설도 의통성업 천하사에 성공할 수 있습니다.